私たちは黙らない！

平和を求め軍拡を許さない女たちの会　関西／編

阿久沢悦子
安彦恵里香
石田法子
市田真理
岡野八代
奥谷禮子
小野川文子
海北由希子
景山佳代子
清末愛砂
栗原佳子
糀谷陽子
幸田　泉
小山美砂
酒井かをり

笹本育子
志田陽子
志水博子
杉浦ひとみ
砂脇　恵
髙橋恵子
田中優子
寺内順子
橋本智子
濱田恵美
菱山南帆子
平井美津子
前田佳子
宮崎園子
望月衣塑子

日本機関紙出版センター

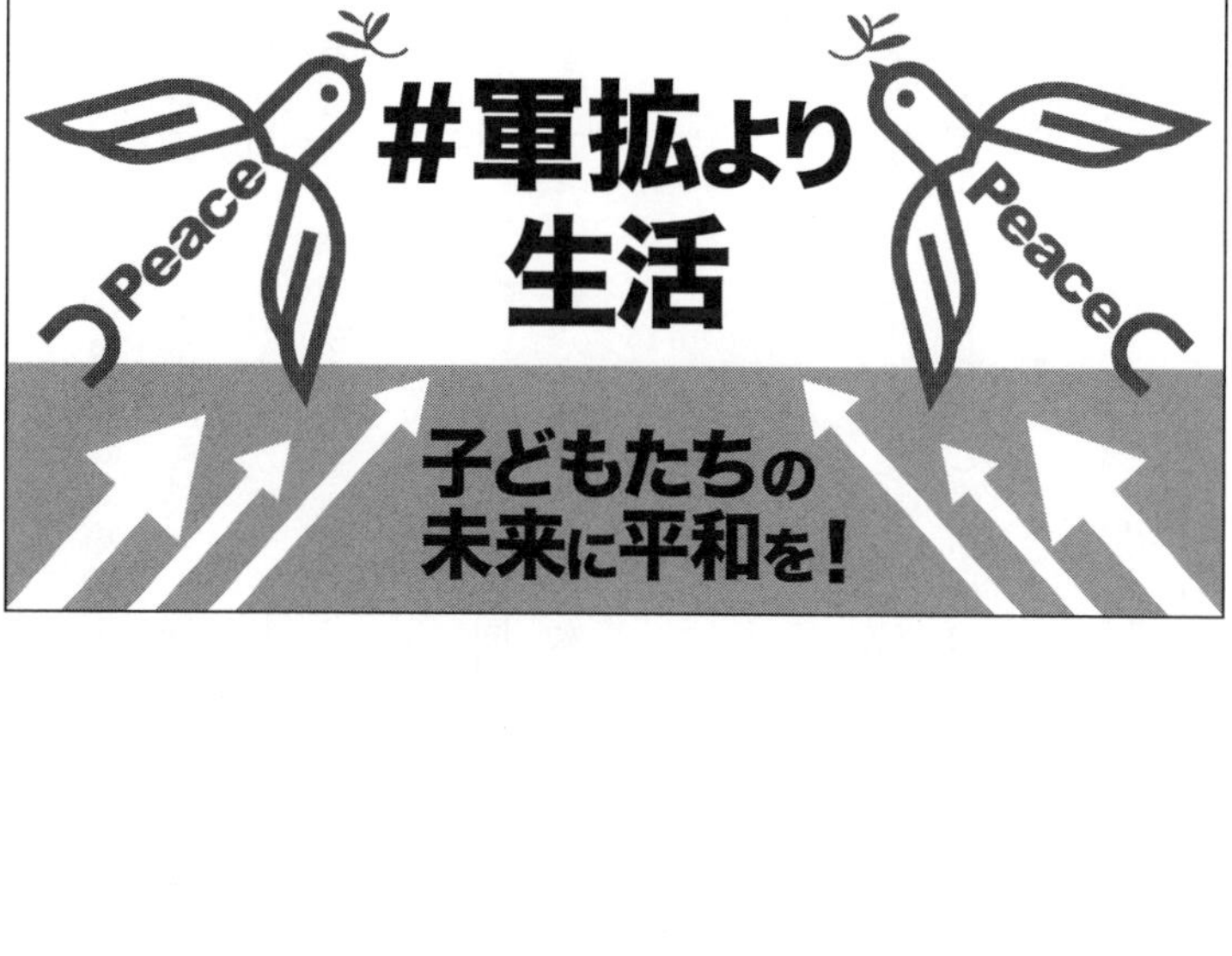

はじめに

２０２２年12月23日、岸田政権が２０２３年度政府予算案で、歳出総額の９％が軍事費という異常な予算を閣議決定しました。２０２３年１月11日に、この大軍拡路線に危機感を持った様々な分野で活躍する女性たちが互いに声を掛け合い、「平和を求め、軍拡を許さない女たちの会」（以下、「女たちの会」）を立ち上げ、声明を発表すると共に、賛同署名を募る運動をChange.orgで呼びかけました。

非常に短期間で７万５千筆余りの署名が集まり、２月８日、「女たちの会」の声明への賛同署名とコメントを与野党と連合に手渡し、意見表明の記者会見を行いました。また、同日には熊本で、翌日には大阪でも声を上げよう動こうと記者会見を行いました。

今回の「女たちの会」の声明は以下のものです。

・・・・・・・・・・・・・・・・・・・・・・・・・・

岸田政権は、５年で43兆円、ＧＤＰ比２％という防衛費の増額を打ち出しました。しかし、防衛費は、その詳細が明らかにされておらず、どう捻出するかも決まっていません。むしろ、この軍拡は周辺諸国の緊張を高めました。これが、私たちの国のためになるのでしょうか。

政府がこれまで掲げてきた、少子化対策や労働者の賃上げ、女性やひとり親家庭、非正規労働者、性的マイノリティ、子どもなど、社会的弱者のための公的支援の政策が、マイナスの影響を受けるのは明らかです。

政府の全世代型社会保障構築会議は昨年末、改革の方向を示しましたが、働く女性の過半数を占める非正規労働者、子育て支援のための財源論は先送りされました。現状の日本の教育への公的支出は先進国で最低レベルです。大学までの教育無償化や給食費無償化は、3兆円でできると言われながらも先送りされました。これでは物価高の中、子育て世帯の負担は重くのしかかるばかりで、この国の喫緊の課題である少子化が防げません。

ところが、自民党税制調査会は、こうした課題に真剣に取り組まず、軍事費増額については、法人税、所得税、たばこ税の3税を増税して財源の一部にあてることを大筋合意しました。

子どもや女性、少子化対策をなおざりにした軍拡は、この国を衰退させ、諸外国に敵を作るだけです。軍拡の前にもっと外交努力を積み重ね、平和を模索してください。

今こそ、軍事に進む政治から脱し、生活と平和を守る「女性」目線の政治が必要です。軍需産業の育成でなく、平和のための産業や技術、人材に投資してください。女性が安心して生活し、働ける環境なしでは、男性も子どもも貧困化します。

戦後の安全保障原則の大転換が、国会審議も、総選挙や国民投票もなく、特に女性や社会的弱者の声を聞くこともなく進められています。私たちはこの歯止めのなき軍拡の決定を認めません。

私たちは、岸田文雄首相、政府・与党、野党各党の代表、連合代表に対し、

1、軍事費GDP比2%を撤回すること

2、歯止めなき軍拡を押し進めることをやめ、そして女性や子ども、若者や社会的弱者の目線に立った政策を進めること

この2点を行うことを強く求めます。

平和を求め軍拡を許さない女たちの会

・・・・・・・・・・・・・・・・・・・・・

署名を集め、記者会見をすることはゴールではなくスタートです。「#軍拡より生活」の声を上げ、行動することで軍拡の動きに歯止めをかけなければなりません。

本書は、これからの日本社会に大きな危機感を持ち、「女たちの会」に賛同した有志によって編まれたものです。子どもたちが戦争で苦しむような社会にしたくない、軍拡の予算があれば社会的弱者をもっと救えるはずだ、軍拡競争によって益々隣国との軋轢が大きくなるのでは、勝手に政府だけで決めずにもっと市民の声を聞いてほしい、といった思いから、自分が置かれている立場から声を上げました。

これをお読みいただいたみなさん、ぜひ平和な社会を守るために私たちと共に声を上げませんか。

2023年3月8日　国際女性デーの日に

平井美津子

〈もくじ〉 私たちは黙らない！

「武器を買うより、子どもの誕生日を祝いたい」

フリー記者　阿久沢悦子

子どもが喜ぶものを何も用意できない

「子どもにクリスマスプレゼントが買えない」

「お年玉はあげられないが、初詣でおみくじだけは引かせてあげたい」

岸田文雄首相が防衛費の大幅な増額を含む来年度予算案を提示した昨年暮れ、ひとり親家庭から支援団体に寄せられた声だ。

新型コロナウイルスの感染再拡大と物価高でひとり親家庭の生活困窮はきわまっている。

NPO法人「しんぐるまざぁず・ふぉーらむ」が昨年11月、食料支援を受けているひとり親世帯2500人を対象に聞き取った調査では、昨年10月の平均就労収入は12万円。12万5千円以下が55・1%と過半数を占める。とりわけ厳しいのが、就労者の7割を占める非正規雇用で、収入は10・9万円と低迷。

一方で、同月の平均支出は、物価高の影響を受け、家賃5万4375円、電気9940円、ガス6570円、食費3万7348円。収入から支出を引くと、手元に残るお金は子どもが1人の世帯で1万2千円、子どもが2人の世帯で8800円。3人の世帯は9200円の赤字と試算された。

貯金を取り崩した人は全体の6割、4分の1の世帯が水光熱費の滞納をしていた。家計をまかなうために借入した人も4割にのぼる。

子どもの衣服や靴、習い事や季節の行事、誕生日などにお金をかける余裕はまったくない。子どもに我慢させた体験として、「新しい洋服・靴が買えなかった」は72・5%、「問題集や参考書を買えなかった」は54・1%、「文具や学用品を買えなかった」42・5%。「誕生日を祝えなかった」子は3人に1人、「部活動関連の費用が払えなかった」子も4人に1人にのぼる。

自由記述には悲痛な声が並んだ。

「周りのお友達のように習い事をさせたり、欲しいものを買ってあげたりできません。そういう思いをこれからもずっと子どもたちも、私自身も抱えていくんだと思います」

「いまだに中学からのすり減ったスニーカーを履いて、我慢してくれています。食費を削らなければいけません。子どもにもっと食べさせてあげたいです」

12月は児童手当、児童扶養手当のいずれも支給されず、家計は厳しさを増す。だから、冒頭に上げたように、クリスマスとお正月に、子どもが喜ぶものを何も用意できないという家庭は少なくない。

日本はもはや豊かな国ではない

岸田首相が2027年度の防衛予算を今よりも4兆円増額する方針を発表したのは、そんなタイミングだった。

小さくなった靴の中で親指の爪が変形し、膿が出ている子ども。修学旅行や私立への進学をあきらめた子ども。お腹がふくれる安いものを、と半額総菜やインスタントに偏り、「ここ2、3年好きな物を食べたことはない。空腹感に疲れた」という母親。

トイレは3回ごとにまとめて流すなど、節約術も限界まで来ている。

アンケートを読み込みながら、がまんにがまんを重ねている親子の姿に涙ぐんでしまった。「生きるのがつらい」「心中レベル」という表現は決して大げさではない。

ひとり親家庭だけではない。賃金は30年間横ばいで、若い世代の給料は低く据え置かれ、家庭を持つ余裕がないという話はよく聞く。中高年女性も非正規しか働く先がなく、低い年金額もあいまって、死ぬまで働く覚悟でカツカツの生活をしている。

日本はもはや「豊かな国」ではないと認めなければならない。続く物価上昇が、最後の一滴となって、貧困に滑り落ちる人がたくさんいるのだ。

国民が饑餓にあえいでいるのに、ミサイル開発をやめることができない隣の独裁国家の状況を見て、かつて私たちは「信じられない」と眉をひそめてきた。しかし、今、貧困にあえぐ国民がいるのに、トマホークを高額で買い取ろうとしているこの国は、相似形ではないか。少なくとも民主国家であるならば、国民の生活の現状を見て、国民の声を聞いてほしい。武器で固めた要塞の内側に、生きる気力を失った国民しかいない、ということにならないように、子どもたちの健やかな育ちとささやかな喜びを保障することに予算をかけてほしい。

恐怖と欠乏から免かれ、平和のうちに生存することができるように

Social Book Cafeハチドリ舎 オーナー、カクワカ広島（核政策を知りたい広島若者有権者の会）発起人
安彦恵里香

今一番の不安は、核のボタン

去年の2月26日、私は仲間たちと共に、原爆ドーム前で「ロシアのウクライナ侵攻に抗議する広島・長崎市民有志による緊急アクション」をした。呼びかけに応えてくれた60人の方々と共にサイレントスタンディングをした。

そして、4月10日にも原爆ドームを750人で囲み、広島からロシアに対し戦争反対と核兵器使用禁止を訴え、ウクライナの平和を祈った。それから1年が経っても終わらないなんて思ってもみなかった。

ロシアのウクライナ軍事侵攻によって、明確にわかったことがある。それは、「核抑止なんか機能しないじゃないか」ということ。プーチンは、核（核兵器も原発への攻撃も）で脅せば反撃できないだろうと相手を見切って侵略をし続け、誰もそれを止められず1年が過ぎてしまった。ウクライナ

を支援する西側の核保有国との相互抑制が働かなかった。

核抑止は、どちらかが使ったら全滅するまで反撃し合って共倒れするから使わないでおこうという考え方から成り立っている。つまり、使わないって信じているってことだ。であるならば、それは条約に代えられるのではないだろうか。

今一番の不安は、ロシア内政が制御不能になって、核のボタンを押してしまうかもしれないこと。例えウクライナが核を持っていたとしてもそれを止めることはできないし、アメリカ、フランス、イギリス、中国は核兵器を保有しているけれども止められない。

たった1人の為政者の判断で世界が脅威にさらされる、甚大な被害をもたらす大量破壊兵器自体、無くした方がいいに決まっている。

隣国にケンカを売っている状況

けれども、安倍元首相が、核兵器を自国の領土内に配備して共同運用する核共有への議論を示唆する発言をした。この「核には核で」という、マッチョな思想が危険なのだ。

岸田首相が「非核三原則」を堅持し「核共有」は認められないとしたことで、「ああ、ちゃんとした人でよかった」と安心して気を抜いてたら、しれっと「国家安全保障戦略」「国家防衛戦略」「防衛力整備計画」の安保3文書を閣議決定し、敵基地攻撃能力保有や、5年間の防衛費総額を約43兆円にするなど、日本の安全保障政策を大きく転換した。「こっちは武器増やすし、攻撃されなくてもこっちからだって攻撃できるんだからな」と、隣国にケンカを売っているという状況だ。

原爆の惨禍を経験し、慰霊碑に二度と戦争を繰り返さないと誓う碑文が書かれている広島から選出された議員（出身地は東京ね）が、軍拡を推進することの恥ずかしさを感じないのだろうか。

その前から、沖縄本島、与那国島、宮古島、石垣島、奄美大島、種子島などの南西諸島に自衛隊基地を次々配備していき、日米軍事訓練を繰り返している。これも言わば威嚇だ。

もしも台湾有事が起き、米国が台湾防衛に動いた場合、自衛隊は米兵の代わりに使われ、沖縄は攻撃目標とされ、再び戦場にさせられてしまう。島民147万人の避難計画を考えているようだが、その想定をする時点での異常さに気づかないのだろうか。

憲法を使ったへなちょこ外交を

私は日本は、憲法を盾にへなちょこ外交をやったらいいと思っている。「すいませんけど、国の最高法規に武力放棄するって書いてあるし、交戦権は認めないってあるんで戦えないんです」と。「戦わないから、武器はそんなにいらないです」と。中国にもロシアにも韓国にも北朝鮮にも、この日本国憲法前文をお伝えして。

日本国民は、正当に選挙された国会における代表者を通じて行動し、われらとわれらの子孫のために、諸国民との協和による成果と、わが国全土にわたつて自由のもたらす恵沢を確保し、政府の行為によつて再び戦争の惨禍が起ることのないやうにすることを決意し、ここに主権が国民に存することを宣言し、この憲法を確定する。

そもそも国政は、国民の厳粛な信託によるものであつて、その権威は国民に由来し、その権力は国民の代表者がこれを行使し、その福利は国民がこれを享受する。これは人類普遍の原理であり、この憲法は、かかる原理に基くものである。われらは、これに反する一切の憲法、法令及び詔勅を排除する。

日本国民は、恒久の平和を念願し、人間相互の関係を支配する崇高な理想を深く自覚するのであつて、平和を愛する諸国民の公正と信義に信頼して、われらの安全と生存を保持しようと決意した。われらは、平和を維持し、専制と隷従、圧迫と偏狭を地上から永遠に除去しようと努めてゐる国際社会において、名誉ある地位を占めたいと思ふ。われらは、全世界の国民が、ひとしく恐怖と欠乏から免かれ、平和のうちに生存する権利を有することを確認する。

われらは、いづれの国家も、自国のことのみに専念して他国を無視してはならないのであつて、政治道徳の法則は、普遍的なものであり、この法則に従ふことは、自国の主権を維持し、他国と対等関係に立たうとする各国の責務であると信ずる。

日本国民は、国家の名誉にかけ、全力をあげてこの崇高な理想と目的を達成することを誓ふ。

（…くぅ～！　かっこいい…何度読んでもしびれる）

これを一緒に達成しませんか？って提案できたらいいのになぁ…。これってお花畑なのかなぁ…？

こっちの方が人類にとってよりよい現実なはずなのだけどなぁ。

とにかく、私たちができることはおかしいことにはおかしいと声をあげ、つながり、あきらめずに行動し続けたい。全世界の人たちが、ひとしく恐怖と欠乏から免かれ、平和のうちに生存することができるように。

子どもたちは　わかってる

第五福竜丸平和協会　市田真理

3200万人の意志表示

「おからだどうですか。私たちは新聞やラジオで皆さんのことを知りました。あのみじめな第二次世界大戦が終わってからは、もう二度と戦争はおこさないとちかいました。しかし戦争はおこさなくても、爆弾による被害は戦争にひとしいと思います。いま日本では再軍備とかいっています。こんなことは僕たち子どもには大人の心がわかりません。僕たちは原水爆などぜったいはんたいです」

これは１９５４年、静岡県の中学生が、病床にある第五福竜丸乗組員たちに宛てたお見舞いの手紙です。

１９５4年3月1日、アメリカがマーシャル諸島ビキニ環礁でおこなった水爆実験は広島型原爆の約１０００倍の威力（15メガトン）。日本のマグロ漁船・第五福竜丸は実験場から約１６０km東方で操業中に閃光を目撃し、地鳴りのような音を聞いた後、放射性降下物＝死の灰を浴び、23名の乗組員は被曝しました。頭痛、吐き気、皮膚のベータ線火傷、脱毛などの急性症状に見舞われました。

静岡県焼津港に戻った第五福竜丸の漁獲物からも放射能が検出され、東京築地に入荷した魚は廃棄処分されました。乗組員たちもただちに入院、その後東京の病院に転院して長い闘病生活が始まります。

全国18港でマグロの全頭検査が実施され、少なくとも延べ992隻から放射能汚染魚が見つかり廃棄させられました。船主はもちろんのこと、小売り業者やお寿司屋さんなど飲食店も大打撃をうけます。消費者は「原子マグロ」と呼んで不安をかかえます。吹き上げられた放射性降下物は成層圏にも達し、やがて雨に混じって各地で検出されるようになりました。

魚が危ない。

放射能の雨が降る。

食卓に生活圏に危険なものが忍び寄ってきたことに、人びとは憤り、意思表示をはじめました。やがて原水爆禁止署名運動と呼ばれますが、誰かに指示されて始めたわけではない、子どもたちの命を守ろう、核戦争の準備なんてしないでほしい…そうした憤りから各地で女性たちが、青年たちが署名に取り組み始めたのです。当時日本の人口は約8000万人。そのうち3200万人が署名しました。もう戦争はいやだ。核軍拡競争の犠牲になるのはごめんだという気持ちの表れであると同時に、自分たちの声を力にしようというエネルギーを感じます。その少し前まで、女たちは夫を、息子を戦場へ送り出し、「銃後」の守りで戦争する構造を支えてきてもいたのでした。

「つまらない世の中になりはしないでしょうか」

第五福竜丸乗組員たちに送られた約3000通の手紙を、第五福竜丸展示館を管理・運営する第五福竜丸平和協会で所蔵しています。私は展示館の学芸員としてこの手紙を整理し、展示やワークショップを企画をしてきました。冒頭に紹介した中学生をはじめ、小学生や高校生など子どもたちからの手紙が半数をしめます。なかには署名に取り組んでいることが綴られた手紙もあります。

8月末、無線長久保山愛吉さんの容態が悪化し、昏睡状態に陥ると、全国から愛吉さんと家族に向けて、お見舞いや励ましの手紙が全国から届くようになります。

9月上旬、ほんの少し愛吉さんの意識が戻ります。娘の名前を呼んだことが報道されます。

「久保山のおじさん。ラジオでおじさんのようだいが、よくなってきたというのをきいて、たいへんよろこびました。講和条約が結ばれた世の中に、原子爆弾などどうしているのでしょうか？　魚に原子が入っていたり、雨といっしょにふってきたり、漁にでかけて死の灰をかぶり病気になったりしているのに、ばくだんを作っている人はどんな人でしょう？　原子ばくだんなど作っているのは、また戦争をしようとしていることと思います。楽しい平和な世界が原子ばくだんのようなものを作っていると、つまらない世の中になりはしないでしょうか。おじさん、はやくよくなってください。早く楽しい日本になるよう、お祈りします」(小学生)。

しかし9月23日、久保山愛吉さんは40歳で亡くなってしまいます。遺児となったM子さんへの手紙。

「M子ちゃん！　でも私たちはにくしみを投げつけずに、平和への道の発見に努力するのが正しいのです。日本人はみな戦争をきらっていることはいうまでもありません。しかし大人はなにをするかわかりません。遠く離れていても、私たちは心だけは固く結んで、平和を守ろうではありませんか。鳥取県の一少女」

「せんそうは　悲しいですから」

第五福竜丸の被災で明らかになった、核実験被害は、日本の漁船や貨物船だけではなく、マーシャル諸島の人びとの健康や生活を壊し、環境を汚染しました。子どもたちの未来のためにと、放射性降下物を浴びた島を脱出する決心をしたロンゲラップ環礁の人たちは、コミュニティが分断され、文化や伝統が破壊され、故郷＝自分たちの土地というアイデンティティが崩壊させられています。

あれから間もなく70年。たった70年しか経っていないのに、どうしてこの悲しみを忘れることができましょうか？　ビキニ事件は終わっていないのです。

70年前の子どもたちが気づいたことを、知らんぷりはできません。なかったことにはできません。70年前に気づいた子どもたちが、再び戦争への道をゆるしていいはずがありません。

今年1月、展示館に置かれた来館者ノートに小学三年生が書いた言葉。

「私も平和がくることをのぞみます。せんそうは　悲しいですから」

ね、子どもたちはちゃんとわかっています。

だから、昔子どもだった私たちも、戦争につながることをしっかり拒否しなきゃね。水爆実験で被災した木造船を見上げながら、今日も私はそう心に刻みます。

この国は、いったい何のために存在しているのか
――人殺しを止めろ！

同志社大学大学院教員　岡野八代

戦後民主主義の終わりの始まりであった時期

わたしが大学を卒業したのは1991年だ。その年、韓国の金学順（キム・ハクスン）さんが日本政府に対して、元「慰安婦」として世界で初めての告発をした。1990年を境に、学生のわたしにとっても、世界は大きく変わり始めていた。

国内的には89年にバブルがはじけた。国際的には一方で、ベルリンの壁が崩壊し東西冷戦が終結し、あたかもリベラリズム（＝資本主義体制）が世界的に勝利したかのような雰囲気がただよっていた。他方で、東西冷戦の終結は、平和な国際秩序を新たに構築する契機となるどころか、むしろ旧共産圏諸国の内戦が始まり、人道的介入といった新しい形の武力行使の正当性が世界的にも問われた。さらに、中東では1991年イラクによるクェート侵攻が国際法違反であると国際的な非難を浴び、自衛隊は合衆国からの強い要請のなか、自衛隊を始めて海外に派遣した。92年には新たにできた国際平和協力法に基づいて、国際平和維持活動の一環としてカンボジアへ自衛隊が派遣された。

安保三文書が2022年12月、国民的議論も国会での審議もなく閣議決定されたというニュース

は、わたしに戦後民主主義の終わりを告げたと同時に、30年ほど前に、わたしが自分の未来を模索していた頃の世界情勢と日本政治の転換を肌で感じていた記憶を蘇らせた。この時期わたしは、世界で生じていた内戦を含めた戦争を身近に感じると同時に、日本政府はいまだ清算しきれていない戦争犯罪に真摯に向き合うべきだと考えていた。なぜなら、過去に真摯に向き合うことで、東西冷戦後の新たな平和秩序を構築するために、平和憲法を掲げる日本だからこその、そして日本軍として戦後一人も殺してこなかった民主国家としての役割を国際的にも期待されるだろうとナイーブに感じていたのだった。朝鮮戦争やベトナム戦争への日本政府の関与を思えば、たしかにあまりにナイーブだった。しかしそのナイーブさを悔やむことに加え、今振り返るとあの時期は、国際的な平和構築に協力する新たな日本の始まりでは決してなく、むしろ戦後民主主義の終わりの始まりであったのだと、わたしの青年期の記憶が汚されたようで、さらに苦々しい。

未来を軽視することを躊躇しない政治

わたし自身は、91年の金学順さんの告発を受け止め、戦後戦争責任論、そして2001年合衆国同時多発テロ以降は、正しい戦争は存在するのかといった視点で、正義論に関心をもって研究を進めてきた。正義とは、過去に、そして現在においても法外にある者のように扱われ、傷つけられた人びとからの呼びかけにこそ宿っており、正義の名の下で合法であるかのようにふるまう権力者たちを、市民たちからなる法廷に召喚し問い糾すことなのだと、ようやく正義の輪郭をわたしは掴み始めたところである。それは、この10年にわたる憲法破壊の政治のなかでこそ学んだ、日本国憲法の精神にも通じる正義観だとも考えている。

しかし、91年の初めての海外自衛隊派遣、2001年のテロ対策特別措置法の下での対テロ戦争に対する自衛隊の協力支援を経て、その後活動範囲を広げる自衛隊はとうとう2022年、時の政府が敵とみなす国家を攻撃する軍隊へと質的な転換を要求されるところまできた。この30年間、合衆国の強まる要請にどんどんと歯止めを外し続け、幾度もあったであろう真の意味で平和を目指す組織へと自衛隊を改変していく道は閉ざされ続けた。

過去の戦争と向き合うという意味では、1995年の村山談話「戦後50周年の終戦記念日にあたって」から、転げ落ちるようにして、かつての戦争犯罪や植民地主義の歴史がどんどんと、「国民」の記憶から消し去られ始めた。他方、バブル崩壊以後の失われた10年は新自由主義レジームの確立によって、その後はもはや失われる部分がなにもないほどに、無残な格差社会を作り上げた。共有できる過去の歴史、つまり政治がその原理に基づき行われるべき日本国憲法が依拠する過去の戦争の記憶がどんどん失われていくのとあたかも同じ速度で、なにもかも民営化の対象になり、今や地方自治体の公務員の数も大幅に削減され、市民が共有しているからこそ無償で誰にでも開かれた空間、つまり公共施設もどんどん失われている。

この10年、いわゆる先進諸国のなかで賃金が上がらず、むしろ停滞しているのは日本だけである。2007年に流行語大賞の候補となったワーキングプアという言葉も、もはや新奇な現象ではなくなった。ワーキングプアという言葉ができる以前から貧困に喘いでいた女性たち、とくにシングル・マザー世帯の状態は、税金と社会保険料を支払うとさらに経済的に困窮するという、国際的には類をみない、あってはならない事態が放置され続けている。

２０１５年には集団的自衛権の行使をみとめる安保関連法が多くの市民の反対の声と、圧倒的多数の憲法学者たちの違憲という判断を踏みにじるようにして、国会で強行採決された。２０１２年12月に成立した第２次安倍内閣以降の、国会軽視や憲法に対して侮蔑的な立法行為は、安倍内閣退陣後も政治的無責任、行政組織の倫理の崩壊を継承した安倍政治体制として、その後の政権でも維持されたままだ。この政治体制は、市民生活を強く圧迫する防衛費予算の大増額によって、市民の生活と命、そして未来を軽視することになんら躊躇を示さないところにまできた。

わたしはもう黙らない

そろそろ、わたしたちは気づくべきだ。在庫一掃セールとまで言われている合衆国からの武器の爆買いや軍需産業の中心である大企業優遇は、権力と富の集中、つまりわたしたち市民に奴隷化を受け入れよという政府からのメッセージであることを。ほとんどの市民が、一部の権力者・富者のために労働力を提供するだけの、道具のように扱われていることを。「積極的平和主義」などといった言葉の真の意味を捻じ曲げた用語で粉飾することさえなくなった政府は、狭く軟弱な国土に原発を50基以上も抱えた日本列島を、そしてそこに生きる市民たちを、とにかく武器をもつ――ことで、どうやら一人前の国家になれると思い込んでいるらしい――ことと引き換えに、恐怖と危機に晒すことを選んだことを。

２０２３年現政権は、日本に住まうひとびとの暮らしと命、一人ひとりが紡ぎだした社会関係、自然とのつながりを守るという政府の基本的役割、存在理由（レゾンデートル）を放棄した。実際問題としてこの政体のなかで生きざるを得ないわたしたちの命を人質にするかのように、今後さらなる簒奪と自由の抑圧をこの政権は繰り広げるだろう。91年の金学順さんの告発に未来への希望をみたように感じた、かつてのわたしは知るべきだった。国家犯罪をなきものとしようとする権力者たちの刃は、じつは市民に向けられていたことを。その刃の下で奴隷たちは、奴隷であるとさえ意識できなくなり、自由であるはずが現状を仕方がないと受け入れ、いまや命の危機さえ感じとれないほどに、摩耗させられていくことを。

だからこそ、今のわたしはもう黙らない。これ以上、人を殺すな。政府による殺人は、殺人である。戦後民主主義が終わったいま、わたしは一から再出発する。〈人殺しをしない政治を〉。それが最低限の、しかし最大のわたしの主張である。

国民を守る術――「ほほづゑ」

ザ・アール創業者　奥谷禮子

外交を最も重要視すべき

戦後77年経って「平和」という言葉が遠のいていくような最近の状況ではないかと感じる。

ロシアがウクライナに侵攻してから武器を持って国を守るのが正義だという空気が蔓延した。確かに侵略されたら国を守るというのは筋かもしれない。

しかし、そこに勝ち目があると判断するのが、政治家のトップの能力ではないかと思う。

自国に戦うだけの軍事力と国力を備えても、いかに戦争を回避するかが重要課題で、外交を最も重要視すべきだと考える。いかなる理由があろうと、戦争で国民を犠牲にすることはできない。

昨年、2月から始まり1年近く戦いは続いている。

落しどころが見えぬままにロシアとウクライナは闘っている。

犠牲になっているのは兵士と一般国民、権力者は安全地域にいる。

ウクライナとロシアの戦争で希望に思ったのは国民が国外逃亡できることである。

ウクライナから何百万人もの国民がポーランドや近隣諸国へ逃げている。

もし、戦争が起きれば日本は他に逃げる場所が、はたしてあるのか。

国力増強の道とは

今、日本は防衛費増加せよと息巻いている。

台湾有事、北朝鮮に備えて、今の予算を倍額しても足らないと、自衛隊関係者、防衛族議員が声高に叫んでいる。軍備増強して本当に中国と戦うのか？　アメリカが必ず守ってくれるとは限らない。だから、自国の防衛力の強化を、何が何でもやるべきだと保守論客は言っている。

戦後77年「平和」という言葉に浸りきっている日本人がいざ戦えと言って戦えるのかは、疑問に感じる。むしろ如何に今後の国力を増強するのか、それには人材育成、教育投資しか道はないのではないか？

これ程、技術力が落ちてきて日本の次なる産業に展望のない中で軍備増強よりも国民の力を如何に増強させるかが重要な課題だと私は思う。

個人の能力を高めていれば、少なくともいざとなれば何処の国でも生きていける。それが第一の国民を守ることになる。今、国民にとり、国やマスコミが煽っている軍備増強に対して冷静に判断することが必要ではないかと思う。

なにげない日々が一番の「平和」

私の思う本当の平和とは、万葉集に謳われている

「たのしみは朝起きいでて昨日まで無かりし花の咲けるとみる時」

「たのしみは妻子むつまじくうちどひ頭ならべて物を食う時」

このなにげない日々が毎日送れることが一番の幸せであり、「平和」だと思う。

障がいのある人・子どもそして家族と戦争

北海道教育大学教授　小野川文子

根底にある「役立たず」「穀潰し」だという見方

ロシアによるウクライナへの侵攻を機に、日本でも一気に「軍拡」路線が加速し、国民の中にも「軍拡」容認の声が徐々に広がっていることを危惧しています。政府も軍拡を容認する人たちも「国の安全を守るため」と言います。しかし、それは、人々の命や生活を犠牲にしての「安全」ではないか。ならば、それは誰の安全なのでしょうか?

戦争がはじまったとき障がい児者はどのような境遇におかれるのか? 障がい児者関係者がまず想起するのは、ナチス・ドイツによるT４作戦だと思います。ナチス・ドイツでは、ユダヤ人虐殺の実験台として多くの精神障がい者等がガス室で虐殺されたとされています。

では、日本では、どうだったのでしょう。たとえば、戦時下の日本において、精神科医療の拠点であった松沢病院では、１９４５年の年間在籍患者（年初在院数に年間入院者数を加えたもの）に対する死亡率が40・９％に及んだとされています（松沢病院の医師・立津政順の調査、岡田靖雄『もうひとつの戦場』）。その死因の多くは、栄養失調が関係したものだったそうで、戦争末期の深刻な食糧難が精神病院をこうした状況に追い込んだのです。また、障がいのある子どもたちは、学童疎開も後回しにされ、自力で疎開せざるを得ない酷い扱いを受けました（清水寛『太平洋戦争下の全国の障害児学校―被害と翼賛』）。

これらの根底には、戦争では、（将来も含め）武器をもって戦えない障がい児者は、「役立たず」「穀潰し」だという見方がありました。こうして障がい児者は、社会から放置され、あるいは虐げられ、社会から排除されたのです（藤井渉『ソーシャルワーカーのための反「優生学講座」』）。

では、現在の障がい児者の置かれた状況は、変わったと言えるでしょうか。たしかに新しい憲法のもとでの変化には大きなものがあります。世界的にも国連障がい者権利条約が締結されています。しかし、先ほどふれた、根底にあった「役立たず」「穀潰し」だという見方は、形をかえながらも根強く残っています。そのことは、津久井やまゆり園の事件や、最近の八王子市の滝山病院の事件を見てもわかるのではないでしょうか。

社会的弱者の優先こそ「国民の安全を守る」1歩

そこでぜひ考えたいのが、コロナ禍においては障がいのある子どもにどの様な影響があったのかという問題です。私は研究室のメンバーと共同で2020年9月～10月に障がい児とその保護者の生活への影響について調査を実施しました。その調査結果では、3カ月に及ぶ一斉休校によって、多くの障がいのある子どもたちに運動不足やテレビ・ネットへの依存傾向、睡眠や食生活の乱れがみられ、体重の増減、体力の低下、中性脂肪値の高さ等、健康を脅かしている状況が示されました。また、行動制限によるイライラやパニックといった行動面での影響が上位を占め、自由意見でも、「パニック」「自傷行為」「暴力的行動」「便いじりなどの自己刺激」が増え、「コミュニケーション力の低下」「身辺自立面での後退」等、発達面での影響も多くみられました。さらに「てんかん」「音や光の過敏の進行」など病気や障がいの進行もみられ、障がいのある子どもに深刻な影響を及ぼしていました。そのような状況は、学校再開後もすぐには改善せず、「学校が再開しても登校できない」「生活リズムの乱れが改善しない」といった声も多くあがっており、その影響が長期にわたっていることが示されました。環境の変化に敏感な子どもたちは、心身の不調や行動によってその辛さや苦しさを表出したのであり、私には彼らの悲痛な叫びに聞こえました。ある程度、我慢できる子どもの場合は、数年後、形を変えて顕在化してくるかもしれません。

地震や災害、感染症等によって引き起こされる生活困難や健康破壊は、自ら声を上げにくい社会的弱者に集中します。障がい児者の権利という観点に立てば、当然の「合理的配慮」として行われるべきことがらは、この国ではいまだに放置されていると言えるのではないでしょうか。私は、現在も続いている〝コロナ禍〟で明らかになったこうした解決こそ優先すべきであり、「国民の安全を守る」一歩であると思っています。

女性を支える制度の充実、労働条件改善を

もう一つ考えたいのが、障がい児者の命と生活を支えているのは女性たち、とりわけ母親だということです。コロナ禍において障がい児を育てる多くの母親は、私たちの調査でも子どもの介助を含め養育全般を担っていることから、「隔離生活などできない」「自分が倒れられない」といった精神的に

張り詰めた状態が続き、自由意見では、「不眠」「精神的にも体力的にも限界」「自らの通院もできなかった」などが寄せられました。また、「預け先がない」などによって就労困難となり「仕事を辞めた」「中学生だからとテレワークが認められなかった」などの声もよせられ、国や自治体が呼びかけた個人の努力を課すだけの感染予防策では、障がい児やその家族をさらに窮地に立たせていることが明らかとなりました。テレワークでいつもいるはずのない父親が家にいることで「子どもがパニックになった」「仕事ができないから子どもをなんとかしろ」と板挟みになる母親の姿や狭い住宅環境での仕事と育児・養育の両立の難しさ等が浮き彫りとなりました。ある保護者が「自分も子どもも感染が怖くてほとんど外に出られなかった」と語ったように、全国旅行支援と世間が盛り上がっていても、彼らにはその機会すらないのです。ここでも支援から排除されているのです。

子育てを下支えする福祉現場にも深刻な影響を与えました。コロナ禍において医師や看護師、消防士等の「エッセンシャルワーカー」が注目をあびました。とりわけ育児や養育、介護といった生活に直接関わるケア労働者は、多くが女性であり、専門職であるにもかかわらず低賃金で働かされています。学校が休校となった際、支援を要する子どもたちの居場所がなくなったことで、放課後等ディサービスなどの教育機関より厳しい職員体制、環境の福祉施設がその受け皿となりました。そこで働く彼女たちは、職種としてもテレワークはできず、小さい子どもがいても休むことができませんでした。まして感染リスクの高い高齢者や障がい者をケアする職員の身体的・精神的負担ははかりしれません。また、非正規雇用・パートタイマーも多いことから、コロナ禍で仕事を失ったのも女性たちでした。福祉施設を利用していない層にとっては見えにくいだけに、ここでも改善がなされず、放置されていたのではないでしょうか。女性を支える制度の充実、労働条件改善こそ「国民の安全」を守る道だと考えています。目先の利潤追求や経済効果が重要視される社会こそ「国民の安全」を脅かし、不安に陥れるのです。その典型が「戦争」なのです。

岐路に立つ私たち

歴史をふり返れば、戦争がおきれば障がい児者のみならず、その家族も含め、偏見・差別の標的にされていったことは歴史的事実です。今すすめられようとしている大軍拡と戦争への道は、ただでさえ「役立たず」「穀潰し」だという見方が根強く残り、国連障がい者権利条約が求めるような水準にはほど遠い日本の障がい者施策を押し潰すことになってしまいます。そして、それは差別と偏見を拡大し、分断と格差を広げ、社会的弱者と言われる人たちの困難をさらに増大させることでしょう。

そうしたことを許すのか、それとも「戦争」ではなく、誰もが安心・安全で暮らせる社会をつくるのか、その岐路に私たちは立っているのだと、痛感しています。

外国人労働者依存とトマホーク爆買い‥人口減少と国力低下に歯止めがかけられない政権与党はクビに

外国人支援ボランティア　海北　由希子

悔しくて涙が溢れてきた

２０２２年12月16日、「防衛費5年で43兆円を閣議決定」という速報を見た時、私は熊本県北部に住む元技能実習生に話を聞きに行っていました。特にコロナ禍以降、外国人労働者からの相談は急増しており、ただでさえ支援者不足の中で、支援はすべて手弁当です。それでも労働者不足が解消する見込みはなく、熊本県の最低賃金８５３円さえも支払ってもらえない実習生が行政から放置され、問題を何とか解決するために動くしかないという支援構造に支援者である自分自身が疑問を感じている、そんな中での速報でした。

技能実習生の問題はかなり表面化してきましたが、今でも時給さえ契約通りに支払われていない実習生は多く存在します。その彼らを雇っている側もほとんどが工場や農家という個人事業主です。求人を出しても働き手が来ないため、外国人に頼らざるを得ない状況なのです。多くの場合、雇用主と実習生の双方が経済的に困窮しており、滞納していた数カ月の賃金の支払いを迫られただけで倒産してしまうほど、体力がない場合も少なくありません。現在のような行き詰まった状況の原因は、明らかに政府の間違った経済政策です。悪循環だけを繰り返す技能実習制度に頼る日本人もまた、自身が日本政府の過去30年間に及ぶ失策の犠牲者なのだということを自覚していません。

国会閉会後の慌ただしい時期に閣議決定した内容を「お知らせ」するかのような上から目線の報道を見たとき、抑えきれないほどの怒りが体の奥底から湧き上がってきました。まるでタイミングを合わせたかのように報じさせた「防衛費を5年間で43兆円にする」という岸田首相の発言が繰り返し流れ、年末にかけての怒涛の軍拡決定報告は、大事なことは何も決められない優柔不断な岸田首相とは思えないほど、信じられない速さで進んでいきました。国民の意見など聞く気配さえないその様子に、誰もが驚きと共に無力感を感じていったのではないでしょうか。43兆円なんてお金がどこにあるの？　私が預けた税金なの？　そんなことに同意した覚えは一切ないのに…帰りの車中で、悔しくて涙が溢れてきました。

「アジアの白人」(White Asian)

私の本業は医療通訳（英語）ですが、もともと外国人の生活支援をボランティアでやっていたこともあり、熊本地震が発生したあとからは、言語に関係なく被災した外国人を医療機関へ繋いできました。また、私自身が10代後半から20代前半にかけて過ごしたアメリカで、理不尽な差別や貧困、ホームレスの経験があり、その時に出会った移民や難民、ジェンダーマイノリティなどの社会的弱者と呼ばれる人々が、今の私の活動に大きな影響を与えています。

１９８０年代当時のカリフォルニア州の失業率は20％を超えていました。１９７５年にようやく終結したベトナム戦争後の混乱や、ポル・ポト政権から逃れてきた人々など、多くの「ボートピープル」と呼ばれる東南アジア出身者をアメリカ政府が受け入れていたため、カリフォルニア州政府が運営する語学学校でも、無償で米語を学ぶ難民や移民がたくさんいました。バブル期の日本人としては珍しくお金がなかった私も、彼らと同じ学校に通っていました。そのため、彼らが母国で受けた苦しみや恐怖についても度々聞く機会がありました。「母親と姉が、突然現れた敵か味方かもわからない男にレイプされ殺された」「学校に行く途中で弟が地雷を踏んで脚を吹き飛ばされた」「ベトナムから逃げ出すための手漕ぎボートを隠れて作るため、村中で資金や材料を調達した。ある晩情勢が急変し、複数の家族だけがベトナムから逃げることになり、自分たちは逃げた。多くの村人を置き去りにせざるを得なかった」「途中で病気や脱水で亡くなった家族の遺体は、海に捨てるしかなかった」など、淡々とした口調で語る彼・彼女たちの話は筆舌に尽くし難いものでした。

そんな状況で命からがら逃れてきた彼らの多くは、アメリカ移住後も戦争の影響を受け、トラウマに苦しんでいました。また、難民への理不尽な差別や偏見、貧困にも直面していました。同じ教室で机を並べている日本人である自分が、同じアジア人である彼・彼女にいかに無関心であったかを突き付けられた感覚でした。教育を受け、命の危険を感じることなく暮らせることが、どれほど奇跡的なことか。同年代の彼らから教えられたのでした。また、戦争難民を受け入れつつも、Hiroshima、Nagasaki、よりPearl Harborの方が大きく報道されるアメリカ社会にも疑問を抱くようになっていきました。戦争の本当の悲惨さを理解していない違和感は日本に対しても感じるようになり、「アジアの白人」(White Asian)と初めて呼ばれたのもその頃でした。日本人は同じアジア人でありながら、アジアの仲間だとは思われていなかったのです。それは40年近くたった今でも変わっていない様に感じます。現在日本で働いている技能実習生と特定技能外国人のほとんどが、日本を含む他国からの侵略を受け続けた国々の出身です。岸田政権が軍拡を閣議決定したニュースが、どの様なメッセージとして海外、特にアジア諸国に伝わるのか、今の政府にはそんなことさえ想像できないのでしょう。

「虐げられてきた者たちの無言のプロテスト」

日本の出生率の低さはかなり前から予測できた問題でした。少子高齢化の問題は日本だけではありません。韓国、中国も同様の問題を抱えています。私たちは隣国同士、共存しながら経済を回していく必要があるのです。労働者がいなければ、その国は放置しても衰退してしまいます。また、自民党政権は、最も基本的な「少子化対策」にいまだ本気で取り組むつもりがないようです。抑止力と称し、貴重な43兆円もの税金をアメリカの軍産複合体に投資する政府など、私たち国民の実態をわかっているとは思えません。日本の内部に巣食っている病気の治癒に力を入れるべきです。そのためには、まず日本に住むすべての人々が十分な体力をつける必要があるのです。私たちは政府によって搾取され続け、怒る気力がないほどに疲弊しきっています。もう十分です。自分たちの税金は、自分たちの生活を守るために使いましょう。

先の見えない非正規雇用、最低賃金を上げることができない中小零細企業、外国人労働者への依存と差別、マタハラやセクハラ、生活に困窮している親、子ども達の貧困、孤立、自殺…これらすべての根底には、人々の余裕のなさがあり、それが不寛容で無関心な日本の社会を作り出しているように思います。そして、そのしわ寄せの向かう先が、在留外国人、特に妊娠した技能実習生や子どもたちなのです。彼女たちへの剥き出しの差別感情は、日本の政府から見捨てられている自身の保身、劣等感の表れだと思います。

現在の人権を無視した不平等な日本社会で、出生率が低いのは当然の結果だと言えます。私には、それが「虐げられてきた者たちの無言のプロテスト」のように思えてなりません。そこまで追い詰めたのは誰なのか。その責任はどこにあるのか。今国会においても、政府関係者の発言からはまったくその自覚のかけらも感じられません。

海外から「労働者が育たない国」と言われるようになった日本。私たちが本気で主権を取り戻さなければならない時です。世界中に戦争をしたい市民などいません。すべての戦争に反対し、意思を可視化して世界に伝えましょう。一緒に立ち上がりましょう！

「国」を守るとは言っても、「民」を守るとは言わない日本政府

神戸女学院大学教員　景山佳代子

絶対に戦争をしてはいけない国

いま私が大学で出会う学生の大半は、日本は平和な国だと素朴に信じています。その姿は、政治に無関心で、選挙に行ったこともなかった、大学時代の私自身と重なります。政治のことを何も知らなかったからこそ、「日本は平和を愛し、戦争をしない国だ」と、無邪気に信じ切っていました。ところが、2004年4月のイラクでの日本人人質事件によって、見える世界は一変しました。小泉首相をはじめとするこの国の為政者は、事件発覚後、早々に「自己責任」だと言い放ち、問題の原因を、人質にされた3人の個人にすべて負わせて、見捨てました。その無責任さと冷淡さに、はじめて政治に対する「怒り」がわきあがりました。

このとき私が目にしたのは、テレビというメディアを介した公開リンチでした。政権与党の政治家たちが発した「自己責任」という言葉を、評論家気取りの芸人やタレントたちがワイドショーで、まるでオウムのように繰り返しわめいていました。そしてそれ以上に恐ろしかったのは、匿名の悪意が、人質となった3人や、その無事を願うご家族にまで投げつけられていたことでした。

戦争によって、今まさに、「普通の人」の命が奪われるかもしれないという「現実」への想像力の

欠如と、国家が負うべき責任を「自己責任」にすり替えていく無責任さ。そもそも問われるべきは、イラクへの自衛隊派遣それ自体の「正当性」であったはずです。2004年10月、イラクに「大量破壊兵器はなかった」という調査結果が報告されても小泉首相は、「我が国がこれを支持したことは正しかった」「我が国政府が謝罪すべきであるとの御指摘は当たらない」と強弁しました。一国の首相が、国会で「自衛隊のいるところは非戦闘地域」といった詭弁を平然といってのけるほど、国家の無責任ぶりをさらしていながら、その一方で、私たち一般市民の「自己責任」を声高にあげつらう。国家の無謬性を前提に、人命軽視を公然と表明するこの国は、「絶対に戦争をしてはいけない国だ」と、強く確信しました。

日本の民主主義は瀕死の状態

そんな日本という国の姿は、とくに2011年3月11日の東日本大震災後、一層あらわになっていったように、私は感じています。国と電力企業の「責任」が有耶無耶にされていく一方、原発被災者たちに「自己責任」を負わせる有形無形の圧力は、時が経つほどに強まっていきました。「フクシマ」での被災者の切り捨ては、原発列島といわれる日本で暮らす私たちの、誰の身に起きても不思議はない「未来」であるはずなのに、それに対する無関心さと冷淡さには、イラクの人質事件のときと同じかそれ以上の、想像力の欠如と国家の無責任さを感じざるを得ません。

さらに2012年12月に第2次安倍政権が誕生してからは、張りぼてだったとしても、なんとかその体裁をつくろおうとしていた、戦後日本の民主主義が、これでもかと小突かれ、踏みつけられ、侮蔑される場面を、何度も何度も目の当たりにしてきました。

政治が私たちの声を無視し、私たちへの責任を放棄するほど、「自己責任」がこの社会のスタンダードになっていきました。政治によって引き起こされる不条理を、まるで「運命」かのように引き受け、どんなに苦しくても「声をあげない」ことが当たり前になってしまったようです。そして、そんな不条理が「運命」や「自己責任」などではなく、「政治の責任」であると、声をあげる人たちの方が、異端視される社会を目の当たりにするようになりました。

その一つの象徴が沖縄です。辺野古新基地の埋め立て地が、マヨネーズ並みの軟弱地盤であることが明らかになっても、その工事は強行され、沖縄の人たちが何度も示した新基地建設反対の世論を、日本政府は臆面もなく踏みにじり続けています。それは「民主主義」の基本である「民」をないがしろにする行為です。ところが、そのような国家による理不尽なまでの暴力に抵抗し、声をあげている人々のほうが攻撃され、差別される「沖縄ヘイト」がはびこっています。「ナチスの手口を学べ」といったのは麻生太郎氏でしたが、政府は「大衆は嘆願者よりも支配者を愛し、自由をあたえられるよりも、どのような敵対者も容赦しない教義のほうに、内心でははるかに満足を感じている」（『わが闘争』）というヒットラーの言葉も学んでいたのでしょうか。

そして2023年2月28日に、過去最大規模の防衛予算6・8兆円、新設された防衛強化力資金を合わせて10兆円超という軍事予算を通過させた岸田政権において、日本の民主主義は瀕死の状態にまで追いやられました。憲法を自分たちに都合よく解釈し、国会議論を軽視し、守るべき手続きを無視して、アメリカの言うままに税金も、国土も、この国で暮らす人々の命さえも差し出すという、日本の民主主義の破壊が、安倍＝菅＝岸田という3人の首相によって完遂されようとしています。

軍事シミュレーションで語る戦争こそ「平和ボケ」

戦争反対の声に対して「平和ボケ」だという批判がなされます。しかし戦争によって引き起こされる惨劇、戦闘によって破壊される暮らし、奪われる生命といったものをまったく具体的に想像できないことの方が「平和ボケ」といえるのではないでしょうか。目の前で親やきょうだい、友人、あるいはわが子の肉体が吹き飛ばされ、血を流し、痛みに呻き苦しむ。あるいは自分自身が瓦礫の下敷きとなり、炎に焼かれ、銃弾を貫かれ、肉体を破壊される。買い物に出かけるとき、子どもを見送るとき、学校や職場で過ごすとき、食卓を囲むとき、眠りにつくとき、そんな当たり前の暮らしの、いつどの瞬間が、耳をつんざくような爆撃音とともに、消えるかわからない不安を生きる。そんな苦痛と不条理を、これまでに一度も顔を合わせたことがない人間から与えられ、そしてそういう痛みと恐怖と苦しみを、これまでに言葉を交わしたこともない人間に与えるのが戦争です。

そんな日常をリアルに想像して、戦争に反対の声をあげることは「平和ボケ」なのでしょうか。地図上に書かれた「中国」「台湾」「与那国島」「沖縄」といった文字を見ながら、数値化された「戦力」をもとにした軍事シミュレーションで、戦争を語ることは「平和ボケ」ではないのでしょうか。一人ひとりの顔も、その人たちが交わす声や言葉、名前さえ知らないままに、その暮らしと命を奪うという「痛み」を、リアルに考えない人間によって戦争への道はつくられていきます。そして「安全」な場所にいる人間たちが戦争を始め、戦争で儲け、戦争の責任からいともたやすく逃げていくのです。

だからこそ「彼ら」は戦争を煽りこそすれ、戦争に反対することはないのです。

精神論で軍事予算を語る

10兆円、これからの5年で43兆円というお金をかけて、この国は一体なにをしようとしているのでしょうか。アメリカから100機の戦闘機や、400発のトマホークミサイルを購入することで、この国はなにを「守ろう」としているのでしょうか。

2月28日の衆議院で、予算案の賛成討論に立った自民党議員はこう言いました。

「自分の国は自分で守る。その気概がなければいざというときに他国も守ってくれません」

短い言葉ですが、自民党政権の考え方が見事に凝縮されたフレーズではないでしょうか。この国の為政者は、国防を語るのに、「自分の国は自分で守る」とは言いますが、自分たちが「この国で生きる人たちを守る」とは言いません。国防強化のために、戦闘機やミサイルは購入しても、「敵」をつくらないための外交戦略は聞こえてきません。もしものときに「民」の命を守るため、どれだけの食糧や水、避難住宅に避難経路、医療設備などが用意され、そのための「防衛」費がどれほど必要なのかは何も語られません。「国防」のなかにこの国で生きる「民」が入っていないのが、この国の為政者にとっての「国」防です。

そしてこの国はいざというときに「他国＝アメリカ」に守ってもらうための、「気概」を示すために、軍事予算を拡張するようです。「気概」という精神論で、軍事予算を語っているのです、政治家が、しかも国会で。この論理に違和感を覚えることなく、拍手を送る与党議員は、「大和魂」を振りかざして、大東亜戦争に突入した大日本帝国時代を生きているようです。「気概」でも「大和魂」でも、軍事を語るのに精神論を持ち出すのは、シビアな現実を前にした思考の放棄にほかならないでしょう。

攻撃受ける前に内側から崩壊する国

出生数が80万人を切り、少子高齢化どころか人口減少に入っている日本で、いくら戦闘機やミサイルを増やしても、自衛隊員の数はすでに不足し、なおかつ今後もさらに減少していくことが予想されています。そして少子化が進むのは、保育施設の不足、高額な教育費に住宅費、奨学金という名の教育ローンに、不安定な非正規雇用、削減され続ける社会保障と老後への不安など、子どもを産みたくても産めない環境が、政治によって作られてきたからです。「国を守れ」と言われても、この国に暮らす多くの人が、自分の生活で手いっぱいなうえ、6人に1人は、食べることさえままならない貧困状態におかれています。日本は、外側の攻撃を受ける前に内側から崩壊していっています。

また日本の食糧輸入相手国の第2位は中国(2020年)で、食糧以外も含めた対中貿易(香港含む)は日本の輸入総額のうちの4分の1近くを占めています(2023年1月財務省貿易統計)。しかも中国に大きく依存する輸入品目を詳細にみれば、日本の為政者が中国との軍事衝突を本気で考えているとは思えません。実際、そんなことになれば困窮するのは、間違いなく、日本で暮らす私たち自身にほかなりません。

「これ砂上の楼閣に過ぎない」

自己責任を強調し、国家責任を否定する。軍事を「気概」で語り、実際に軍事衝突が起きた場合の一人ひとりの「痛み」には無言を貫く。原発事故でも辺野古新基地建設でもあらわになった、「客観的事実」よりも「楽観的願望」の優先。「国」を守るとは言っても、「民」を守るとは言わない日本政府。

そんな為政者たちが、躍起になって進める軍備計画に、なぜ「反対しない」という選択肢があるのでしょうか。

日露戦争に従軍した海軍大佐・水野広徳は、第1次世界大戦の戦中・戦後の惨状を実際に見聞し、近代戦の何たるかを徹底的に考えた人物ですが、その彼の結論はこうでした。「平時にいかに盛んに海陸の軍備を張るとも、ひっきょうこれ砂上の楼閣に過ぎない」――日本は戦争をなすの資格を欠けるもの。

あなたはこの言葉を、どう受け止めますか？

語りの不可能性に向き合いながら、軍事力に依拠する安全保障に異を唱える

室蘭工業大学大学院工学研究科教授　清末愛砂

忘れ得ぬ、語り得ない出来事を語ることの不可能性

「いかなる言葉を駆使しようとも語り得ない」

これは、大学院生の頃から20年以上にわたり、研究をする傍ら、武力が実際に行使されているパレスチナで定期的に平和活動にかかわってきたわたしの心のなかに、ずっと渦巻いてきた気持ちです。これらの期間に、幾度となく〈戦場のリアリティ〉というものを人前で語ったり、文章化したりする機会がありました。でも、本当は「語る」端から、わたしは思っていました。語りとわたしの経験との間にある差をどうしても埋めることができないと。このもどかしさゆえに、「語る」ことをやめていた時期もあります。

人前で「語る」ことをしていないときも、数々の光景が頭のなかに浮かんでくることがあります。「こういうときにはこういう光景」というものではありません。どの光景が映像のように思い出されるのかについては、自分では選ぶことも制御することもできません。一方的なものであり、不可抗力なのです。とはいえ、2002年にナーブルス（ヨルダン川西岸地区）やその郊外のバラータ難民キャ

ンプで経験した出来事、そして2018年の秋にガザで経験した出来事を思い出す割合が高いのは、それらがとりわけ頭のなかに強くインプットされた、忘れ得ぬ、語り得ない出来事であるからなのかもしれません。

〜〜〜〜〜〜〜〜〜〜〜〜〜〜〜〜

バラータ難民キャンプに戻ってきた途端、ざわめきのなかで漂う緊張感に身体全体が包まれました。「いったい何事か」。そう思いながらわたしが滞在していた家の方向に歩いていこうとすると、住民のひとりが止めました。「家の目の前で戦闘が起きている。あぶない」。そう聞いた瞬間、わたしとともにいた家主の息子が猛スピードで駆け出しました。その姿を見たわたしは彼を追いかけ始めました。2人とも、家屋破壊のためにイスラエル軍がやってきたのだと勘違いしたのです。「そんなところに行くと拘束される。今は行かないで」。彼に追いついたわたしは必死に止めました。その後、わたしたちは裏道を通りながら、家の後方周辺に近づき、様子をうかがうことにしました。

戦闘の現場では、生まれ育ったナーブルスで医療ボランティアを続けてきた友人がすでに負傷者の救援活動に入っていました。彼は戦闘があれば、どんなところであっても駆け付けようとする若者でした。傷ついた同胞のパレスチナ人を助けるためです。イスラエル軍の撤退からしばらくして家に入ると、彼が訪ねてきました。頬やボランティア用のジャケットについた血。爪のなかにこびりついた血。凍り付いた顔。

家に入った後、彼は、手を洗うことすら忘れて突っ立っていました。唖然としながら、爪に目を向けているわたしに気が付いた彼は、攻撃を受けた身体から飛び散った肉片を探し、それらをこそぎ取ったりしながら集めていたと教えてくれました。爪のなかの血には皮も混じっていたはずです。肉片は、彼が幼い頃からともに過ごしてきた親しい友のものでした。友を失ったショックとともに、黙々と肉片を探すしかなかった彼。これは遺族のためでした。

「大丈夫?」「そんなはずないだろう」。あまりに愚かな問いかけをしたわたしに、間髪入れずに強い語気で投げ返された答え。ふと横を見ると、窓が目に入りました。窓ガラスはありません。とっくの昔に攻撃で砕け散ったからです。ガラスを取り換えても意味はないのです。その日のうちに砕け散るかもしれないからです。少し錆びを帯びた鉄製の窓枠。銃弾がかすると、赤光が発せられることをなぜか思い出しました。各所に汚れがついた白い壁と天井との境にある砲撃の跡。張り詰める緊張感のなかで、わたしたちはしばらく立ち尽くすしかありませんでした。

〜〜〜〜〜〜〜〜〜〜〜〜〜〜〜〜〜〜〜〜〜〜〜〜〜〜〜〜

これは、わたしが頻繁に思い出す場面の一つです。しかし、そのときの実際の状況を十分に語るものではけっしてありません。どれだけの時間をかけようとも、わたしには軍事力の行使という究極的な暴力が加えられる現場で目にし、身体全体で感じ取ったことを語ることはできません。ひとの生をめぐる幾重もの残酷性が織り込まれた戦場の出来事は、容易に語り得ることができるようなものではないからです。

この語りの不可能性こそが、日本が推し進めている大軍拡の行きつく先に待ち構えているものなのではないでしょうか。大軍拡により他の国々との間で徐々に緊張関係が生まれ、その結果、わたしたちが攻撃する側/される側になったとき、その攻撃下で生じるであろうたくさんの出来事。わたしたちは、語り得ない出来事に向かって走るのではなく、日本国憲法の下でそうならないための努力をする決意をしたことを、いま一度想起することが強く求められていると思います。

日本国憲法前文は、「日本国民は、（中略）われらとわれらの子孫のために、諸国民との協和による成果と、わが国全土にわたつて自由のもたらす恵沢を確保し、政府の行為によつて再び戦争の惨禍が起ることのないやうにすることを決意し」（第1段前半）たことを高らかに謳っています。リアルな経験に裏付けされた、この決意を踏みにじる大軍拡構想に怒りを抱かずにはいられません。憲法前文は続く各条文の解釈基準となるものです。とりわけこの部分は、戦争や武力行使、武力による威嚇を放棄し、戦力の不保持による軍備や交戦権を否認している憲法9条の解釈に密接にかかわり、連続性・一体性があるものです。それらを完全に無視する形で大軍拡を進めることは、立憲主義の観点からしてもけっして容認できるものではありません。

軍事に依拠した安全保障を強調する国のDV的発想

2022年8月末、イスラエルの封鎖下にあるガザでの子ども支援活動を終え、エルサレムに向かっていたときに、この20年間、問い続けてきたことへの答えがはっきりと出たと思った瞬間がありました。移動する車からオリーブ畑を見ていたときのことです。ガザ滞在中にイスラエル軍の攻撃により重傷を負うとともに、妻や子を失った20代後半の男性が入院していた病院を訪ねたあと、過去の国内外での自分の経験や研究から得られた知見を再考しながら、出かかっている答えを自分なりにまとめようとしていたからかもしれません。

わたしの問いとは、軍事に依拠した安全保障を強調する国のメンタリティの根っこにある発想をどう読み解くかという点にあります。パレスチナにかかわるなかで、軍事に依拠するイスラエルによる占領を〈観察〉し、その構造を自分なりに理解しようと努めてきました。同時にそれをあぶりだす作業は、わたしの足元である日本社会の安全保障の姿を見るうえでも、参考になる点があると考えてきました。

イスラエルは、1994年にフェンスを用いてガザ封鎖を開始しました。その後は段階的に封鎖が強化されていきました。フェンスと壁に囲まれるなか、約200万人のガザ住民は出入域を厳しく制限されています。物資の搬送も自由にできません。開いているのは天井のみ。それを指して、ガザのことを「野外監獄」と表現する人もいます。その言い方は間違っていません。その通りでしょう。

イスラエルは、定期的にガザに対する軍事作戦を敢行してきました。戦闘機やドローンによる空爆、海からの砲撃だけでなく、地上戦が展開されることもあります。国際法違反の苛酷な封鎖下でハマースのメンバー等がガザからイスラエルに向かってロケット弾を飛ばすと、イスラエル側は「防衛」と称して、何倍もの勢いで軍事攻撃を加えて叩くのです。これに対し、ガザに住むということのリアリティを無視して、「ハマースが先に手を出したからだ」という人もいます。むしろそういう声は頻繁に聞かされます。

ここでよく考えてほしいのです。はるかに凌駕する軍事力を誇り、ガザを封鎖しているのは誰かということを。封鎖により経済活動その他を停滞させ、人々を貧困に追いやり、それにより尊厳を著しく傷つけ、とりわけ若者から将来に対する希望を奪っているのは誰なのか、それを「防衛」の名の下で正当化しているのは誰なのか、ということを。抵抗すれば、歯向かうことは許さないとして、軍事力で押さえつけてさらに追い込み、自らの支配力を示すのです。

この発想は、親密圏での権力関係に基づいてなされるDV加害者のメンタリティと同じです。DVの本質は、権力関係にある非対称な相手方に対する〈支配〉です。支配の継続のために、さまざまな暴力が手段として用いられます。権力関係が継続されるなかで、加害者の意に反する行為をしたとして、被害者に「制裁」が加えられます。そうして被害者は服従を強いられていくのです。こうした特徴に鑑みると、イスラエルとガザとの関係は、DV構造における加害者と被害者の関係によく似ていることがわかります。しかし、これは両者の関係に限ったことではありません。

軍事力の行使は暴力の究極的な形態のひとつであり、人々の心に強い恐怖心を植え付けるものです。人々の生死を握るものです。軍事力増強とは、まさに恐怖心の植え付けとともにある支配の手段を手に入れることでもあるのです。軍事力に依拠した安全保障というのは、「防衛」の名の下で「仮想敵」「黙らせたいと思った相手」を劣位にみなし、権力関係を築くために、軍事力による支配力を見せつけようとする方法です。わたしはこういうDV的な発想との類似性を有する大軍拡は、対等な外交を否定することになりかねない非常に危険なものだと考えています。これは、日本国憲法前文にある「平和を愛する諸国民の公正と信義に信頼して、われらの安全と生存を保持しようと決意した」（第2段前半）こと、および「他国と対等関係に立たうとする各国の責務」（第3段）に反するものです。したがって、大軍拡を到底認めることはできません。

「沖縄を再び戦場にしないで」
軍備増強に断固反対　元学徒ら声明

新聞うずみ火　栗原佳子

元学徒として見過ごすことはできない

「沖縄を含む南西諸島で自衛隊の増強が進められる状況に、再び戦争が迫りくる恐怖と強い危機感を覚え、むごい沖縄戦を思い出す」。今年1月12日、沖縄戦に動員された元学徒たちが「沖縄を戦場にすることに断固反対する」と題する声明を発表しました。その冒頭の一節です。

国は辺野古新基地建設強行と同時並行的に、南西諸島への自衛隊配備を進めてきました。「防衛の空白を埋める」という口実で、与那国島、宮古島、奄美大島、そして、今年3月には石垣島にミサイル基地が開設されました。国会審議もなく閣議決定された安保関連3文書には陸自第15師団の旅団格上げ、司令部地下化、長射程ミサイル配備なども盛り込まれ、沖縄・南西諸島の最前線化は加速の一途。沖縄戦体験者の危機感はいかばかりでしょうか。

声明を発表したのは、学業半ばで戦場に駆り出された21校の旧制師範学校・中等学校の元学徒らがつくる「元全学徒の会」。声明では、当時教え込まれた皇民化教育の過ちにも言及したうえで、「日本政府は『中国脅威論』を盾に軍事増強を進めている。自衛隊と米軍の一体化がさらに進む中、国民の緊迫の度を高め、自ら戦争を引き起こそうとしている状況と戦前が重なる」と懸念。日本は侵略戦争への反省と教訓を踏まえ、「非戦の日本国憲法を前面に、近隣の国々や地域と直接対話し、外交で平和を築く努力をすべき」と訴えています。「戦争は、はじまってしまったら手がつけられない」「命を何よりも大切にすること。平和が一番大切だという沖縄戦の教訓を守ってもらいたい」「戦前に戻るかのような政府の動きを元学徒として見過ごすことはできない」と切実な言葉が続きます。

この声明にどんな思いを込めたのか。すぐに沖縄へ話を聞きに行きました。

学友が命を落とすのを目の当たりに

声明の発起人は「全元学徒の会」幹事の宮城政三郎さん（94）＝那覇市＝。「政府が『敵基地攻撃能力』の保有を記した安保3文書改定を閣議決定したことは戦後の安保政策を大転換して、戦争する国づくりを進めるものです。戦争になったらどうなるのか、国民の生活がどうなるのかを考えたことがあるのか。戦前に逆戻りすることを許してはいけない。元学徒として黙っておられなくなったのです」

宮城さんは母親の故郷、与那国島で育ち1941年4月、県立第一中学校に進学しました。その年の12月に太平洋戦争がはじまり、3年生になる頃には授業の代わりに勤労動員の日々。44年8月、「どうせ死ぬなら家族と一緒に」と、両親が漁業を営む台湾へ疎開しました。高雄州立高雄第一中学校に編入、45年3月には臨時召集され、同級生十数人の分隊長に。木材の運搬作業をしていたある日、激しい空襲に遭遇し、14、15人もの学友が吹っ飛び命を落とすのを目の当たりにしました。

連日の空襲で自宅も焼失。その空襲がある日止み、戦争が終わったことを知りました。「急にぱーっと静かになって、何か違う世界に来たような気がしました。あの時ほど命のありがたさ、平和と自由のありがたさを感じたことはありません」。畑のあぜ道などにはすでに、日本語励行の看板や、日の丸の旗があちこちに打ち捨てられていました。

「元全学徒の会」が結成されたのは２０１８年。そもそもは13年に昭和高等女学校の元学徒らが、全21校の校名を刻んだ碑建立を県に陳情したのがはじまりでした。17年、糸満市摩文仁の平和祈念公園内に「全学徒隊の碑」が建立され、14歳から18歳の学徒が動員されたことも記されました。しかし、犠牲者数は刻銘されなかったことから、その実現に向け、宮城さんらはともに県に働きかけるため、「元全学徒の会」の結成を呼びかけました。県は当初、人数が不確定だとし刻銘に消極的でしたが、元学徒自身が犠牲者数は少なくとも１９８４人と調べ上げることで19年、碑の傍らに念願の「刻銘板」が設置されました。元学徒に共通していたのは「高齢で後先幾ばくも無いという切迫感と、生きているうちにどうしても学友の戦死者数を記し、悲惨な戦争の実相を後世に伝えなければならないという使命感」だったそうです。

戦争の美化は許されない

與座章健《よざしょうけん》さん（94）＝南風原町＝は宮城さんの一中の同級生で「元学徒の会」共同代表の一人です。44年10月10日の「十・十空襲」以降は授業の代わりに、嘉手納や読谷に泊まり込み、陣地構築や飛行機を収納する掩体壕造り。その後は首里城下の32軍司令部壕の補修作業などにも駆り出されました。

45年3月27日、一中の寄宿舎で卒業式があり、與座さんら4年生も、5年生と一緒に繰上げ卒業。翌28日には鉄血勤皇隊に入隊し、両親宛の遺書を書かされました。「短い一生でしたけれど、お世話になりました。元気でやってください」。学徒隊21校の中で、学校側が生徒に遺書を書かせたのは一中だけです。

4月28日、突然、中隊長が「体力に自信がない者は手を挙げろ」と促しました。隊員の一部を除隊させるというのです。食糧不足が理由と見られています。自分から挙手するものがいないと、中隊長は與座さんら19人を指名、除隊を命じました。「その時は正直、助かったと思いました」と與座さんは振り返りましたが、戦場に放り出され除隊した半数が亡くなったそうです。

「元全学徒の会」は21年4月に、歴史教科書検定問題に関する声明も出しました。22年から使用される高校「歴史総合」の明成社教科書が、鉄血勤皇隊として動員された一中生を慰霊する「一中健児之塔」を「顕彰碑」と記述したことを問題視、声明で「亡くなった学徒を決して英雄視してはならず、慰霊碑は、戦意高揚のために建立された忠魂碑とも違う。毎年6月23日に開催される慰霊祭も不再戦を誓い恒久平和を祈念するためで、戦没学徒を顕彰するものではない」と強く批判しました。「いかなる戦争であれ美化は許されない。戦争の実態を知らなすぎる」と與座さんは焦りをにじませます。

今は沖縄開戦前夜に似ている

共同代表の一人、瀬《せ》名《な》波《は》栄《えい》喜《き》さん（94）＝那覇市＝は「今のムードは沖縄戦開戦の前夜に似ている」

と危機感をあらわにしました。

28年、沖縄本島北部の久志村（現名護市）で生まれ、44年、現在の嘉手納町にあった県立農林学校に入学した瀬名波さん。「授業は3カ月だけで、突然、日本軍が雪崩のように押しかけてきて学業を取り上げたのです。校舎も校庭も占拠され、青春を楽しむこともなく、陣地構築に駆り出されました」と振り返ります。

日本軍の中飛行場（現嘉手納飛行場）の陣地構築、座喜味城（読谷村）の城壁を破壊して高射砲台を整備したり、敵の戦車を落とすための深い「戦車壕」を構築したりする作業にも駆り出されました。

「南西諸島では、まさに陣地構築が行われ、今にも台湾有事が起きるかのように国民を欺いている。基地を造ると敵もかまえます。戦争を回避しなければいけません。いったん戦争が始まると止まりません」

戦後、作業に加わった飛行場から米軍機が朝鮮半島やベトナムへ飛び立ちました。「私たちも『勝利の日まで』と歌いながら陣地構築していました。だから戦争に加担し、加害者にもなっていたという意識が強くあります」。瀬名波さんは首里城地下にある第32軍司令部壕の保存・公開を求める活動も続けています。ここを「平和の砦」にしようという思いからです。

見て見ぬふりは許されない

「元全学徒の会」の声明が発表されたその日、共同代表の一人が息を引き取りました。元県立第二高等女学校生の中山きくさん、94歳でした。戦争体験を語り継ぎ、沖縄の過重な基地負担についても発言し続けてきた中山さんが公的に名を連ねた最後のメッセージになりました。

沖縄を再び戦場にさせまいと踏んばってきた方々が、90代半ばにもなり、なぜ声をあげ続けねばならないのか。誰がそうさせているのか。78年前、「捨て石」にし、さらなる重荷を背負わせ続ける私たちの側が見て見ぬふりをすることは許されないはずです。

沖縄を戦場にすることに断固反対する声明　2023年1月12日

今、ロシアによるウクライナ侵攻を背景に、沖縄を含む南西諸島で自衛隊の増強が進められる状況に、再び戦争が迫りくる恐怖と強い危機感を覚え、むごい沖縄戦を思い出す。

78年前の沖縄戦では、米軍の上陸に備え、県民は子どもから大人まで、日本軍の飛行場設営や陣地構築に動員された。正義の戦争だと教え込まれ、知らないうちに戦争の加害者となり、戦争に加担させられた。日本政府は今、日米安全保障条約の下で「中国脅威論」を盾に軍備増強を進めている。自衛隊と米軍の一体化がさらに進む中、国民の緊迫の度を高め、自ら戦争を引き起こそうとしているような状況と戦前が重なる。軍拡ばかりが前面に押し出され、住民の被害に対する思いは微塵もない。

沖縄戦で戦場にかり出された県内21校の旧師範学校・中等学校の男子学徒と女子学徒は、戦争がいかに残虐なものかを、身をもって体験した。死の迫る極限状況の中、生き残った元学徒も学友や家族、親しい人々を失い、心に深い悲しみを負った。全学徒の死者は約2千人。戦後は戦没学徒の慰霊を続け、二度と沖縄を戦場にしてはならないという思いで、教え込まれた皇民化教育の過ちと悲惨な戦争の実相を語り継いできた。

戦争する国は美しい大義名分を掲げるが、戦争には悪しかない。爆弾で人間の命を奪うだけである。戦争は始まってしまったら手がつけられない。犠牲になるのは一般の人々だ。大勢の人の命が奪われ、双方の国に大きな被害を出す。戦争はしてはならない。命を何よりも大切にすること、平和が一番大切だという沖縄戦の教訓を守ってもらいたい。

先の大戦では、若い学徒を含め310万人の日本人が犠牲になり、アジア全体での軍民の犠牲者は2千万人を超えるとされる。日本は侵略した国の人々を虐げ、収奪し、命を奪った。今、日本政府がすべきことは、侵略戦争への反省と教訓を踏まえ、非戦の日本国憲法を前面に、近隣の国々や地域と直接対話し、外交で平和を築く努力である。戦争を回避する方策をとることであり、いかに戦争するかの準備ではない。しかし、今の政府は戦争をするきっかけを見つけ出し、戦争にまい進しようとしていることが強く危惧される。
戦前に戻るかのような政府の動きを元学徒として見過ごすことはできない。県民の間で第32軍司令部壕の保存・公開を訴え、「平和の砦」にしようという運動がある中、沖縄の陸上自衛隊第15旅団を師団に格上げし、沖縄本島や先島諸島の駐屯地司令部の地下化を計画することは、県民の平和志向に反するものである。元全学徒の会は、日本政府による沖縄へのミサイル配備をはじめとする自衛隊増強と軍事要塞化で、再び沖縄を戦場にすることに断固反対する。

2023年1月12日　元全学徒の会

沖縄師範学校男子部　沖縄県立第一中学校　沖縄県立第二中学校　沖縄県立第三中学校　沖縄県立農林学校　沖縄県立水産学校　沖縄県立工業学校　那覇市立商工学校　学校法人開南中学校　沖縄県立宮古中学校　沖縄県立八重山中学校　沖縄県立八重山農学校　沖縄師範学校女子部　沖縄県立第一高等女学校　沖縄県立第二高等女学校　沖縄県立第三高等女学校　沖縄県立首里高等女学校　沖縄積徳高等女学校　昭和高等女学校　沖縄県立宮古高等女学校　沖縄県立八重山高等女学校

共同代表：與座章健　瀬名波栄喜　中山きく　吉川初枝
幹事：宮城政三郎　山田芳男　太田幸子

武器より教育

元中学校教員　糀谷陽子

「戦争に行くのは俺らですよね」

「先生、集団的自衛権って何ですか？　戦争するってことですよね？」

２０１４年7月、集団的自衛権容認の閣議決定の翌日、中学3年生の社会科の授業が始まった途端、F君が言いました。

「えっ、日本は戦争しないって決めたんじゃないの？」とKさん。「知らないの？　それ、変わったんだぞ」とI君。「本当に戦争になるのかなぁ」……教室中に不安と戸惑いの声が広がり、それが一瞬静まったのは、またF君の言葉でした。

「先生たちはいいですよね。戦争に行かなくてもいいんでしょ。行くのは俺らですよね」

そこに、「実際に戦争に行くわけではない大人たちが勝手に、こんなことを決めないでほしい」という怒りと悲しみを感じました。

「でもね、いったん戦争になったら、赤ちゃんからお年寄りまで、み～んな戦争に巻き込まれ、協力させられてしまうんだよ。今から、その話するね」。ちょうどその日の学習は、日中戦争が始まり、国家総動員法が出されて、人々が戦時体制に飲み込まれていく時期のことでした。食い入るように史料集の写真や図表を見つめていた子どもたち。あの日の授業のことを忘れることはできません。

戦争のための「愛国心」教育

岸田政権が閣議決定した「安保3文書」の「国家安全保障戦略」の中に、「社会的基盤の強化」として、国民や政府内外の組織が「安全保障」に対する「理解と協力を深めるための取組を行う」ことがあげられ、その一つとして「我が国と郷土を愛する心を養う」という文言があります。その言葉自体は2006年に改悪された教育基本法や学習指導要領の中にもありますが、「安全保障」すなわち軍事との関係で登場したのは初めてのことです。

戦前の過ちを繰り返せというのか、と腹立たしく思いました。「満蒙開拓青少年義勇軍」として中国大陸に渡った少年たちを描いたアニメ「蒼い記憶」で、教師たちは、反対する保護者を説得していました。「対馬丸」にも、沖縄から鹿児島に向かう疎開船に子どもたちを乗せることを躊躇していた親たちに、「ぜひとも乗せてくれ」と家庭訪問して懇願する教師の姿がありました。いずれも各学校、各学級に「あと何人」と割り当てがあり、それを達成しなければならなかったのです。

戦前の教師たちも、子どもを大事にする、いい「先生」だったでしょう。それが、「一旦緩急あれば…」の「教育勅語」のもとで、すべての教育活動が戦争遂行に結びつけられ、「天皇陛下の御為に命を投げ出す覚悟をつける」ための「教育」を担わされていったのだと思います。

だからこそ、戦後教育の出発にあたって、教育の目的は子どもたち一人ひとりの「人格の完成」をめざすことにあり、それ以外のことを目的とはしない、と決めたのではないでしょうか。そのことは、1947年に制定された教育基本法に体現されています。

〝子どものための教育〟への攻撃

戦後、最初に出された学習指導要領(試案)の前書きに、こうあります。

そういう目標に達するためには、……それぞれの現場でそれらの事情にぴったりした内容を考え、その方法を工夫してこそよく行くのであって、ただあてがわれた型のとおりにやるのでは、かえって目的を達するに遠くなるものである。……型の通りにやるのなら教師は機械にすぎない(「学習指導要領(試案)」序論より/1947年3月20日文部省)。

子どもと学校、地域の実情に合わせて、すべての子どもの〝最善の利益〟のために何を大切に、どのように教育を進めるのか。それをみんなで考え、実践する。このように、子どもから出発する〝子どものための教育〟のあり方が提示されていたにもかかわらず、戦後の教育は、この原点を崩そうとする権力と、それに抗する民主教育の側とのせめぎ合いの歴史であったと思います。

たとえば1958年からの勤評闘争。教職員組合はストライキを構えて無数の集会を開き、保護者と懇談したそうです。その中で語られたのは、その年から実施された学習指導要領の内容が以前より大量に増えて「詰め込み」になっていること、「道徳」の時間や「日の丸・君が代」が入ったこと、そして学習指導要領には「法的拘束力」があるとされ、「その通りに教えなさい」と言われるようになってしまったことなどでした。

このように、「人格の完成」をめざす〝子どものための教育〟とは真逆のことを教師たちに担わせようとしている。そのために「勤務評定」を入れようとしているのではないか。だから、教師への「勤務評定」は、すなわち〝子どものための教育〟をつぶそうという攻撃なのだ。その先にあるものは何か。子どもたちを戦場に送るようなことは、二度としない。そうやって多くの教師たちが立ち上がり、保護者をはじめ広範な人々の支持を得ていったことを、私は、組合事務所にあった『勤評と子ども』という小冊子を読んで知りました。

自分で考え、ものを言える子どもに

①教育の目的を、子どもの「人格の完成」をめざすことから、政府や財界が求める「人材」を用立てることに変えてしまう。②そういう「教育」をやらせるために教職員を統制する。この〝二刀流〟の攻撃とのたたかいは、その後もずっと続いていますが、今、攻撃の手法はいっそう巧妙でわかりにくく、それだけ野蛮になっていると思います。

たとえば観点別の学習状況評価。小中学校では2001年度から始まりましたが、高校では2022年度から指導要録に記載することになりました。「身に付けさせたい資質・能力」を「知識・技能」「思考・判断・表現」「主体的に学習に向かう態度」の三つの観点に分けてABCで評価し、それを総括して5段階の評定をつけるというものです。子どもの力をそんなふうに分けて評価することができるのか？　「態度」はどうやって評価するのか？　たくさんの疑問がわきます。結局、子どもの本当の学力とは関係なく、外に現れた見栄えの良さだけが評価の中心になってしまうのではないでしょうか。高校入試におけるパフォーマンス評価の重視にも同じ問題を感じます。

授業では、「主体的・対話的で深い学び」という名の、教科書に示された〝枠〟の中での「討論」が増えています。子どもたちは常に評価の視線にさらされながら、あらかじめ示された〝枠〟の中で「活発」に発言することが求められます。

このような学習で、ものごとを批判的に検討し、その本質をとらえることや、みんなと協同して社会的な課題に立ち向かう力を養うことができるとは思えません。そういえば、文科省が推奨する「主権者教育」の内実は「投票に行くこと」が中心であって、これで本当に、社会の主人公としてよりよい社会をつくるために必要な力を身につけることができるのか、疑問です。

このように今の教育政策には、〝ものを言う〟〝声をあげる〟国民を育てないように！というベクトルがはたらいているように思えてなりません。その上、教科書検定基準の改悪で、学問的根拠があっても閣議決定通りでない記載に修正が求められるようになり、そして「愛国心」。安倍元首相は、軍事大国と経済大国という二つの大国化をめざすためには「国民意識の改造」が必要だとして、教育とマスコミの統制に力を入れましたが、まさにそのことが今、行われていると思います。

だからこそ私たち教職員は、自分の頭で考え、ものを言い、行動できる子どもたちを育てたい。しかし、そうしたとりくみを極めて困難にしているのが、〝二刀流〟の攻撃の、もう一つの側面です。

ミサイルよりも教育に予算を

東京では、小中学校の観点別学習状況評価と同時期に、教職員の人事考課制度が導入されました。教職員一人ひとりに、校長が示した学校経営方針に対する「取組目標」を決めさせ、その達成度を「自己採点」させる。校長は、「学校運営」「学習指導」「生活指導・進路指導」「特別活動・その他」の項目ごとに一人ひとりの「能力」「情意（意欲・態度）」「実績」を4段階で評価し、それが賃金にもリンクするしくみです。〝教職員の団結〟と〝教育の条理〟を盾に、導入反対のたたかいは今も継続中ですが、20年経って職場の雰囲気が、「子どもにとってどうか」を考えるよりも、「上から言われたように」といった方向に、じわーッと変わっていることに気づきます。

官制研修の強化と自主研修の抑圧、教育のＩＣＴ化によるタブレット活用の強制などによって、教師の専門性をないがしろにする動きが強まっていることも重大な問題です。

そして、２０２２年10月に組合が行った調査で、時間外勤務の平均が月80時間の「過労死ライン」をはるかに超え、１００時間以上が39％という過酷な勤務。「日常の業務の中で、それにかける時間を減らしたいことは何ですか」の問いに、最も多かったのは「教育委員会などに提出する資料や統計、報告書の作成」。「もっと時間をかけたいもの」の1位は「授業・学習指導とその準備」、2位は「学習指導以外の子どもの指導」でした。

教職本来の仕事である、授業の準備や子どもと向き合うことにもっと時間をかけたいのに、書類の作成などに時間がとられ、なかなかそこまでたどり着けない、深刻な実態が垣間見えます。その要因の大半は、この間の教育政策にあると思います。とりわけ学習指導要領が改訂される度に授業の時間数が増えたにもかかわらず、それに合わせて教職員定数が増やされてこなかったことは重大な問題です。

八方ふさがりのように見える今の教育に、どうやって風穴を開けるか？　政府や財界のための教育を押しつけるのではなく、現場で〝子どものための教育〟がすすめられるようにしてほしい。そのためには、統制や規制を強めるのではなく、教職員がもっと子どもと向き合い、教育活動に専念することができるよう、充分な条件を整えてほしいのです。

何よりもまず必要なのは、少人数学級の前進と教職員の大増員です。

文科省は、長時間労働の解消をめざす「働き方改革」として、支援員などの増員と教育のＩＣＴ化、民営化を掲げています。しかし先程の調査では、支援員等との打合せやＩＣＴ化による新たな仕事が増え、必ずしも業務改善にはつながっていない、という声が強いです。民営化については、それで〝子どものための教育〟が守られるのか？と危惧する声が広がっています。小手先の「改革」ではなく、子どもと向き合う正規の教職員をきちんと増やす計画を立ててほしいです。

そのためにも、教育予算をもっと増やしてほしい。せめてＯＥＣＤ諸国の平均並みに。１回使ってしまえば終わりで何も生みださない、武器を買うための予算ではなく、未来につながる教育予算を増やすべきです。

実現するまで、何度でも言い続けます。子どもたちと私たちの、平和な今と未来のために！

岸田首相の「聞く力」は誰の話を聞いているのか

フリージャーナリスト　幸田　泉

漠然とした不安につけ込んだ惨事便乗型政治

「私の特技は人の話をよく聞くこと」

岸田文雄首相ってそう言ってませんでしたか？　何かにつけ「聞く力」を随分、アピールしておられたと思います。少しでも信じた私がバカでした。岸田首相の言う「人の話」の中に、「国民の声」は入ってなかったわけですね。

2022年7月の参議院選挙が終わった後は、次の参議院選挙までは国政選挙がない「黄金の3年間」と言われています。選挙がないので政権は国民に不興を買う政策がやりやすいというわけです。政権にとっては「黄金」、国民にとっては「暗黒の3年間」になってしまいました。私はこの3年の間に消費税増税が行われるのではと警戒していましたが、政治はさらにえげつない「軍拡増税」へと舵を切りました。

岸田首相は自民党の派閥の中でもハト派の「宏池会」の所属、選挙区は被爆地広島。タカ派丸出しだった安倍晋三・前首相（故人）よりはましか……と、ちょっとは期待した私がバカでした。

アメリカから巡航ミサイル「トマホーク」をどっさり買い、「敵基地攻撃能力」を持つのだそうです。

戦後の安全保障政策の大転換であり、衆議院を解散して選挙で国民に賛否を問うべき重大な国策です。それを閣議決定でさっさと決めてしまう。「国民は黙って税金を納めていればいい」と言わんばかりのやり方です。

選挙で国民の意思を問うとなれば、「なぜ今、軍備増強が必要なのか」「どうしてトマホークを買わなくてはならないのか」などなどを説明しなくてはなりません。選挙をしないのは、これらが合理的に説明できないからです。

マスコミの世論調査では、防衛費増大に対して「賛成」が「反対」を上回っています。この1年、ロシアとウクライナの戦争に関するニュースが毎日のように報道されてきました。岸田政権がやっていることは、「戦争とはいつ起きるか分からない」という国民の漠然とした不安につけ込んだ惨事便乗型政治です。

長年にわたって永田町を取材してきた政治ジャーナリストたちは、安倍前首相がアメリカのトランプ大統領に「トマホークでも何でも買います」と約束したので岸田首相はとにかく買うしかないのだとか、今年1月にバイデン大統領と会談した際の「アメリカへの手土産」などと発信しています。だとすると、安全保障上の必要性は後付けの理屈で、単にアメリカから高い買い物をさせられているだけなのかもしれません。

「使いもしない車を何で買うの?」

サッカー教室に通いたい少年が、母親から「今うちはお金がないから、サッカー教室はもうちょっと我慢して」と言われていたところ、ある日、「もう1台、車を買うことにした」と告げられます。「うちはお金ないってママ言ってたよね？　だから僕のサッカー教室もダメだって。なのに、新しい車を買うお金はあるの？」

「ごめんね。でも、パパの仕事の都合で、もう1台買わなきゃいけなくなったのよ」

「パパの仕事の都合って何？」

「ママにはよく分からないけど、パパが言うからには大事なことなのよ。とにかく、2台目の車も買わなきゃいけないし、サッカー教室はまだ無理だわ」

「でも、うちの家で運転免許を持ってるのパパだけでしょ？　2台目は誰が使うの？」

「2台目は誰も使わないわよ。駐車場に置いておくだけ」

「ママの言ってること分からないよ。使いもしない車を何で買うの？」

「だからパパの仕事の都合だって言ってるでしょ。2台目を買わないと、パパは会社をクビになるかもしれないのよ」

「パパはいったいどんな会社で働いてるの〜〜!!」

良く分からない理由で少年のサッカー教室は「しばし棚上げ」が続きます。国民の生活保障の例えとしては、ふさわしくないかもしれません。でも、今の政権は軍拡増税や安全保障政策の大転換を、もう1台マイカーを買うようなレベルの事案として取り扱っているように感じるため、敢えてこういう例え話にしました。

真に「国民の声を聞く力」のある政治家を

改めて、2021年10月の岸田首相の就任記者会見の記事を読んでみると、「新しい資本主義」「働く人への分配機能の強化」「中間層の所得拡大」「地球温暖化対策の推進」などに紛れて、「ミサイル防衛能力を含む防衛力の強化」にも言及していました。岸田政権はスタート時から安倍政権路線を引き継いだ軍拡を目指していたということです。「〇〇に取り組む」と山ほど述べていますが、今ところ実現させたのは防衛能力の強化という軍拡だけ。しかも、2021年秋の衆議院選挙、2022年夏の参議院選挙を乗り切ると、2022年末に国会議論も国民的議論も封じ込めるかのように、ドタバタと安保関連3文書の閣議決定に持ち込んだのです。

こうして軍拡は決まってしまいました。次にやって来るのは「増税」です。国民は岸田首相がアメリカ大統領にヘイコラして権力を維持するために税金を納めているのではありません。振ればお金がポンポン出て来る打ち出の小づちでもありません。消費税率を8%から10%に上げる際の理由は「税と社会保障の一体改革」でした。自身の生活面では消費税アップは歓迎しないけれども、社会保障のためなら仕方ないと受け入れた人々がたくさんいたはずです。岸田政権は、軍拡増税という本質を隠し、別の理由を持ち出してくる可能性もあります。もうだまされてはいけません。そして、「暗黒の3年間」が明けた時、真に「国民の声を聞く力」のある政治家を選ばなければと思います。

「被爆者」と認められない原爆被害者たちの、今も続く闘い

ジャーナリスト　小山美砂

「新しい戦前」との言葉がもてはやされていますが、私は、「戦後」さえまだ終わっていないと考えています。私が取材を続けてきた、「被爆者」と認められない原爆被害者たちの闘いが、今も続いているからです。

被爆体験者じゃなく『被爆者』と認めて

私は2019年から、米軍による広島への原爆投下後に降った「黒い雨」を浴びた被害者の取材を続けてきました。1945年8月6日、爆心地から20キロ、30キロと離れた山村にも、放射線を帯びた雨や灰が降りました。これらを浴びた住民も、近距離で被爆した人たちと似た健康影響を訴えました。下痢や脱毛に始まる急性障害、そして白血病やガン、心臓病といった重い病です。しかし国は、ごく限られた範囲にいた人しか「被爆者」として救済しませんでした。「黒い雨体験者」を、戦後75年以上にわたって放置してきたのです。

ところが2021年夏、被爆者援護行政が大きく変わります。援護対象区域の外で「黒い雨や灰を浴びた」と訴える原告が被爆者認定を求めた「『黒い雨』訴訟」が、広島地裁、高裁で相次いで勝訴。両判決は、雨や灰を通して放射性物質を体内に取り込み、内部被ばくした可能性を認めました。

世論にも押され、国はこの判決を受け入れました。22年4月からは、「黒い雨体験者」を「黒い雨被爆者」と認める新しい審査制度の運用が始まり、広島県内ではこれまでに3000人以上が、「被爆者」の証である被爆者健康手帳を受け取り、医療費助成などを受けています。

しかし、闘いは終わりませんでした。新しい審査制度からも、切り捨てられた原爆被害者がいるのです。

「被爆体験者じゃなく、『被爆者』と認めてほしい。なぜ広島は認められて、長崎は外されるのか。私たちは、二重、三重の差別に苦しみ続けています」

22年12月、長崎市。寒風吹きすさぶ川べりでお会いした山本誠一さん(87)は、怒りに燃えているように見えました。彼は、「『黒い雨』訴訟」が確定してもなお、援護の外に置かれている「被爆体験者」の一人です。

被ばくした可能性を否定し続ける政府

「被爆体験者」もまた、国が指定した援護対象区域から外された人たちを指します。長崎の場合、その場にいたことが証明できれば「被爆者」と認められる地域は、爆心地から最大で南北に約12キロ、東西に約7キロとされています。なぜ同心円状に広がっていないのかというと、旧長崎市内とその周辺が対象とされたためです。その外側では、半径12キロ圏内にいても被爆者と同様の援護措置を受けることはできず、「被爆者」と区別して、「被爆体験者」と呼ばれているのです。被爆体験者は、どれだけ健康被害を訴えようと、「被爆体験による精神的要因に基づく健康影響」とされ、被ばくした可能性は否定されてきました。

しかし、「『黒い雨』訴訟」は爆心地から約30キロ離れた場所にいた黒い雨被爆者についても被ばくした可能性を認め、手帳の交付を命じました。長崎県・市は新しい審査制度を被爆体験者にも適用するよう国に求めましたが、国は「(雨が降った)客観的資料がない」などとして長崎を除外します。その後、22年12月、政府は7種類のがんを患った人に医療費を助成する予算案を閣議決定しましたが、目的は「調査研究」で、被爆体験者が被ばくして健康影響を受けた可能性は否定したままです。

被爆体験者が求めているのは、国に「原爆放射線の影響を受けるような事情の下にあった」と認めさせ、被爆者援護法の下、「被爆者」としての援護を受けることです。そして、二度と同じ被害を繰り返さないことです。小手先の決定では、山本さんが「被爆体験者が求めてきたものではない」と怒りをあらわにするのは当然のことです。

山本さんとお会いした川べりは、爆心地から南東に約8・5キロ離れた地点です。原爆が投下された1945年8月9日、10歳だった山本さんがいた場所でした。

「全ての原爆被害者に手帳交付を」

あの日の朝、山本さんは近所に住む一つ年下のタカノ君と、自宅の前で石を拾い集めていました。銃撃に来た米軍機に投げつけ、「反撃」するためです。「軍国少年だった」と言う山本さんの将来の夢は、「早く大人になって、お国のために命を捧げる」ことでした。

ブーン、と、空から鈍い音が聞こえてきます。B29だ、と思いました。石拾いをやめて見上げると、落下傘が山頂付近に見えました。それが山の影に隠れた、その時。あたり一面が真っ白になり、足元がグラグラと揺れました。そして、ふわりと、身体が持ち上げられたような気がしました。

気が付くと、音のない世界にいました。牛や馬、セミの鳴き声も聞こえません。タカノ君も見当たりません。もうろうとした意識の中、家に出たり入ったりを繰り返しました。やがて、服はボロボロで皮膚の焼けただれた兵隊が歩いてきました。目玉が飛び出ており、ゾロッ、ゾロッと、ちぎれたかばんを引きずって歩く音が、今も耳から離れないと言います。

その後、タカノ君とは再会することができませんでした。タカノ君は下痢が続き、家の中でほとんど寝たきりになっていたのです。そして60日後、わずか9歳で息を引き取りました。友人を失ったショックとともに、「次は自分の番じゃないか」という恐怖が襲ってきました。

山本さんは後に、下痢は原爆放射線による急性障害の一種であることを知り、衝撃を受けます。この経験は、内部被ばくの影響を告発していく原点となりました。そして山本さん自身も、直後から原因不明の腫瘍ができるようになりました。めまいにもたびたび襲われ、20代、勤務中に倒れたこともあります。心筋梗塞も患い、心臓には3本のステント（筒状の金網）が入れられています。

山本さんは訴えます。「全ての原爆被害者に、手帳を交付してほしい。戦争をせず、核兵器禁止条約に参加する政府を作るためにも、語り続けたい。残酷な戦争は、繰り返しちゃいけません」。被爆体験者の声が、政府には届いているのでしょうか。

「岸田首相は、広島選出じゃないんか」

そして、「解決済み」に思われた広島の黒い雨被爆者の中にも、切り捨てられた人たちがいます。冒頭にも述べた通り、『黒い雨』訴訟」の確定を受け、広島県内では2023年2月末までに、3000人以上が新たに「被爆者」と認められました。喜ぶべき数字だと思います。一方で、100人もの人が手帳の申請を却下されているのです。主な却下理由は、①雨を浴びた地点が、過去の調査で作成された三つの降雨域の外側にある　②認定要件である一定の疾病への罹患が確認できない――の二つとされています。

爆心地の西約30キロで雨を浴びた河野博さん（86）が原爆投下当時にいた地点は、三つの降雨域の外側でした。つまり、過去の調査では雨が降ったと確認されていない場所です。しかし、「ボタン雪のように灰が降り、川遊びをしている時に雨が降った」と、あの日の記憶は鮮明です。河野さんはこれまでに、前立腺がん、脳梗塞、鼠径ヘルニア（脱腸）を患い、左半身不随のために車椅子生活を送っています。『黒い雨』訴訟」が確定し、自分たちも「被爆者」に認められると希望を抱きました。ところが、広島市に手帳を申請してから1年3カ月後に届いた通知書には、「あなたの被爆事実の確認ができませんでした」と書かれてあり、愕然としました。「みんな、黒い雨や灰をかぶって被ばくしとる。人には分からん、しんどい目におうとるんじゃけえ、同じ風に扱ってもらわにゃ困る」。河野さんは、怒りに満ちた声で訴えます。「岸田首相は、広島選出じゃないんか。なんでわしらのことを認めてくれんのか」

「二度と繰り返さない」と後世に誓うためにも

なぜ、私が原爆被害者の援護にこだわって取材を続けているのか。第一に、原爆放射線は戦後75年以上たった今も、被害者の身体をむしばみ続けていることが理由に挙げられます。本稿でご紹介した山本さんと河野さんはともに、深刻な病と闘っていらっしゃいます。言うまでもなく、お二人はほんの一例に過ぎません。寝たきりで、施設に入所されている方もいます。原爆の影響を疑ったまま、病苦の末に亡くなった方もいました。『黒い雨』訴訟」の原告で、多くの黒い雨被爆者を支援してきた高東征二さん（82）の言葉が、救済の必要性を物語っています。

「黒い雨の問題ってね、貧乏との闘いでもある。病気で十分働けなくって、お金が残るはずがない。国が勝手に戦争をして、病気だらけの人生を放っておいた。黒い雨で被ばくをして病気のひどい人は、死ぬ道しかないような気がする[※1]」

放射線の影響は未解明な部分も多く、その健康影響がいつ現れるか分かりません。「死ぬ道」を歩き続けている人を救うことが政治の仕事であり、戦争を起こした国家が果たすべき責任なのではないでしょうか。

そして、私が被爆者援護にこだわる理由は、もう一つあります。それは、救済を実現させることで原爆がもたらした被害を法的に認定し、国として、「二度と繰り返さない」と後世に誓うことになると考えるからです。

被爆者の全国組織である日本原水爆被害者団体協議会は、「ふたたび被爆者をつくるな」と訴え、国の戦争責任に基づく国家補償を求めてきました。私が出会った「被爆者」に認められていない原爆被害者たちも、「子どもや孫のため」「核廃絶を実現するために」と、援護がない中で証言を続けてきました。救済の実現は、こうした訴えに応えるものになると信じています。

本稿では、広島・長崎の原爆被害者を取り上げましたが、空襲による被害者も補償を求めて訴え続けています。「戦後」は終わっていないのです。戦争被害者の救済を棚上げにしたまま、防衛予算倍増に踏み切る政府の判断に、危機感を覚えざるを得ません。岸田政権には戦争がもたらした被害に向き合い、人間のための政治をしていただきたいと、強く求めます。

※1　2019年9月のインタビューにて。拙著『「黒い雨」訴訟』（集英社新書）から引用。
※2　年齢は全て2023年4月現在。

戦争をはじめない決意と、引き返すための対話を！

日本出版労働組合連合会（出版労連）前委員長・日本マスコミ文化情報労組会議（ＭＩＣ）前委員長
酒井かをり

私がいまここにいるのは

「妹さんの髪が燃えている！　髪に火が付いているわよ！」

後ろから追い抜きざまに女性が声をかけてくれた。１９４５年3月10日、東京の夜空を真っ赤に染め、雨のように落とされた焼夷弾の火の中を、小学生の兄に手を引かれた未就学児の女の子が逃げていた。女の子はアニメーション映画『火蛍の墓』の節子よりも少し大きく、手を引く兄は清太郎よりも幼い小学校低学年だった。ふたりは東京大空襲の猛火の中を子どもふたりだけで、走り、逃げていた。その日、ふたりの母は妹と入院していた。父親は他県に赴任していた。

「妹さんの髪に火が付いているわよ！」

女性の声に振り向いた兄は、自らの防空頭巾を脱いで傍らの防火用水にドップリ浸してから、妹の頭にかぶせた。3月とはいえ、夜は冷え、水浸しの防空頭巾をかぶせられたら震え上がる寒さだ。が、寒いどころか、周り中が火の海で、濡れた頭巾も冷たいとは感じない。

どこをどう走り、どの路地を抜けたのか？

生後8カ月の赤ちゃんの時に火傷を負った両の脚で、火の海を走った。

「兄の手を離すまい」「妹の手を離すまい」

そのことだけに集中し、ふたりだけで炎の中を走り続けた。炎の中を逃げ切った。

この女の子は私の母で、兄は私の叔父だ。

私がいまここにいるのは「髪が燃えている！」と声をかけてくれた女性と、母と叔父、ふたりのお陰だ。私は『東京大空襲二世』だ。

1年生の私は心に誓った

12月が近づくと、四十七士、忠臣蔵の話を母は始める。忠義を尽くして討ち入りを果たした47人のエピソードが母はとても好きだった。

同じ時期「ニイタカヤマノボレ」「トラトラトラ」と、真珠湾を急襲し日本が世界を巻き込む戦争を始めた話が前後する。

忠義を尽くす・国益のため…討ち入りも戦争も人殺しなのに、大義を理由に美談にされたり、「どうしても必要だった、仕方がなかった」と語られることが子ども心に、理解も納得もできなかった。

「日本がパール・ハーバーを急襲しなければ、戦争は始まらなかった」「ママはこうして髪もちゃんと生えていて、あなたにも会えて生きているけれど、焼夷爆弾で焼かれた夜、あの空襲で、熱くて熱くてたくさんの人が水の中に逃げるのを見た。川に飛び込んで、折り重なって死んでしまったの」

小学校1年生になった私の初めての夏休み。読書感想文のために母が買ってきたのは絵本の『猫は生きている』（著：早乙女勝元）。犬は飼っていたが、猫には触れたこともなく野良猫しか知らない私には猫は身近ではなかった。が、絵本の中で子猫を咥えて戦火から逃げる母猫の姿は、ひとつの命が子どもを守り、生き抜こうとする命そのものが描かれていた。感想文は母の期待と裏腹に上手に書けなかったが、人間だけではなく、猫も犬も木も花もあらゆる命を殺し、焼き尽くし奪っていく、それが戦争だ。だから絶対に始めちゃいけない。鮮明に焼き付いた。1年生の私は心に誓った。「戦争を始めさせない。始めようとしたら、止めさせなくちゃ。絶対に止めなくちゃ」。1年生の私はそう、心に誓った。

自分事として考える機会をくれた母

鯉のぼりが畳まれて、兜が箱にしまわれると、「もうすぐ沖縄戦だわ」母の心は沖縄へ馳せる。海洋博覧会へ連れて行ってもらい、鉄血勤皇隊の「健児の塔」南風原病院で看護助手をしていた乙姫部隊と白百合部隊のひめゆり部隊の「ひめゆりの塔」『ひめゆりの少女たち』（著：宮良ルリ子）の本で読んだ宮良ルリ子さんのお写真も展示されていた平和祈念館、摩文仁の丘へも行った。何度も何度も読み返していたので、宮良ルリ子さんは知り合いのお姉さんのように思えて、本にも載っていたお写真を祈念館で見つけたときは「あっ！　宮良ルリ子さん！」と掛け寄ってしまった。

青い海と豊かな緑、パイナップルやサトウキビの実る畑、真っ白な砂浜、真っ直ぐ延びる道…どこもとても美しく、本で何度も読んでいた地名を訪れても、戦争のかけらが残るはずもなく、それでも本の描写を思い出し、重ねあわせて、泣いた。母は私に戦争をしっかりと感じさせて、戦争がなぜ行けないか？　自分事として考え、理解できる機会をたくさんくれた。

『はだしのゲン』は必ず読みなさい

梅雨が明けると「もうすぐ、広島と長崎に原爆が落とされた日よ」

漫画雑誌もコミックスも読んではダメと禁止していた母だったが『はだしのゲン』は必ず読みなさいと、どこかから借りて来た。本を読むよりも体を動かすほうが好きな弟も『はだしのゲン』は読んだ。ゲンと同じスポーツ刈りの弟が、必死の形相のゲンが表紙に描かれた『はだしのゲン』を読んでいた。弟はゲンと自分に重ね併せていたのかも知れない。8月6日、8月9日。原爆投下と同じ時刻、毎年、黙祷をしてから夏休みの水泳教室へ向かった。ドーム、式典、ベールをかぶり十字を切って祈る女性…ゲンと共に私の心に刻まれた。

「耐え難きを耐え、忍び難きを忍び…」

8月15日は必ず、ニュースで玉音放送が流されたので、抑揚も憶えてしまうほどだった。「大人の人たちは泣いている人もいたけれど、戦争が終わって本当に嬉しかった！」焼夷弾も爆弾も落ちてくることはなくなり、好きなだけ大好きな本を読める日々が、幼かった母にもやってきた。

意志を言葉にして伝えることから

学年が上がり、母の勧めで買ってきた私の読書感想文の本は『流れる星は生きている』（著：藤原てい）だった。日本軍が占領していた満州から日本へ引き揚げてくる家族の姿を通して、戦争が終わっても未だ続く、過酷な日々をも教えてくれた。

黄色い銀杏の葉が道を埋め尽くすと、そろそろ母が真珠湾の話をし始める。

一年を通して、幼かった私が母親になってからもずっと、母は私に語り続けてくれた。いかに戦争はいけないか、を。


「戦争は絶対に始めてはダメ。違う国のひととはお互いのいちばんよいものを持ち寄って、互いに違うものを持ち寄って、協力して助け合って仲良くだよね！」

夏休みの宿題で祖母から戦争の話を聞いた私の子どもたちも、戦争を始めさせないことの大切さを受け継いでいる。「いつか私の子どもたちにも、政江さんに話してもらうから長生きしてね！　約束！」そう、母と指切りをしていた。

抑止のために、けん制し合い、威嚇し合いエスカレートするのではなく、戦争を始めないための対話、引き返すための対話に力を注ぐ英断を、すべての為政者も私たちもできるはずだ。かけがえのない命を奪わないための行動を、その意志を言葉にして伝えることからはじめよう。

青年教職員たちの願いは

埼玉県小学校教員　笹本育子

【回想　エピソード１】

指導者１　これから担任会を始めます。今日、一列に並んで移動している時に、あやちゃんテンション高かったですね。

松本　あやちゃんが立ち止まって「あ！　ちょうちょ！」とちょうちょを見つけて、「わたし、見つけたよ！」と笑顔で教えてくれたんです！

指導者３　年度当初に、学部のなかで確認されていたと思いますが、移動教室時については、列を乱さず歩くことになっているんです。あやちゃんがいま何をするべきなのか分かりやすいように、関係のない子どもの発言には反応しないようにしてください。

指導者２　あ、それから、今後校外学習に行く時に、安全に歩けるように、しっかり列を乱さずに歩いてほしいです。

松本　えっ？　あっ！　はぃ…。

指導者２　あと、このあいだの生活単元学習での授業についてです。自閉の子どもは、授業中は授業に集中できるように、言葉掛けは最小限にして、できるだけ指差しにしましょう。

指導者1　そうですね！　子どもが混乱しないように、みんなで統一した指導をしていきましょう。

【回想　エピソード2】

本田　この1学期で、ゆかりちゃんが、自分のことをよく話してくれるようになってきました。少しずつ、話せるようになったことが嬉しいです。もうすぐ修学旅行なので、はじめて行く場所に安心して、他の学級の友達と一緒に、楽しんでほしいなと思います。

指導者1　あー。修学旅行…。本田先生とゆかりちゃんは距離が近くて依存しているから、本田先生じゃなくて、修学旅行は佐藤先生と一緒に行ってもらった方がいいんじゃないですか。「だれとでもできる」方がいいから…。

指導者2（佐藤）　わかりました。

本田（信頼関係をつくるのと、依存や甘えは違うんじゃないかな〜…）

指導者1　本田先生、いいですか？

本田　あっ！　はぃ…。

「第22回全国障害児学級&学校学習交流集会in京都」（主催：全日本教職員組合・教組共闘連絡会・現地実行委員会）の全体会「僕らの学校を探して」をテーマとした青年教員による劇の一コマです。特別支援学校に勤める青年教員たちが、居酒屋で語り合う姿を劇にしたものです。それぞれの青年教員が学校の中で違和感をもった場面が回想シーンとして出てきます。冒頭のシーンは、複数いる担任たちが子どもの指導について話し合っている場面です。

彼女たちの劇を見て、学校を覆っている空気をリアルに思い出しました。「子どもが混乱しないように統一した指導を」「誰とでもできる方がいいから」…子どものことを思っているような言葉で、子どもの願いを無視していく現実。それに流されてしまう自分。子どもの世界に無関心になっていく日々が思い出されました。

奪われる声

「社会に適応させるために」「みんなに迷惑がかからないように」「自力解決」自立、自立、自立…。そんな言葉に取り囲まれているのは、教職員も同じかもしれません。

『『つわりは気のもちようだ』とA先生に対して教頭が言ったのを聞いた。私はつわりが本当に辛かったし、周囲に迷惑をかけていることも辛かった。あんな言い方はない。涙が出てくる…』

「人間らしく生きられないくらいなら、辞めた方がいいかなと思う…。子育てと仕事の両立はやっぱり大変。休むと悪口を言われる職場ではとても無理…」

「子どもが好きで教師になったのに、クラスの子どもにも我が子にも怒り狂ってしまう…。だから退職することに決めた」

コロナ禍、育休から復帰した元同僚たちが、身も心もボロボロにしながら働き、本気で退職を考え続ける日々を送っていたことに胸が痛みました。

私自身が子育て世代の悲鳴に気づいたのは、2016年に全日本教職員組合青年部で「妊娠・出産・

子育てにかかわる実態調査２０１６」にとりくんでからです。自由記述にはハラスメント被害も含めた悲鳴があふれていました。「子どもを産んでいない教師は半人前」／「妊娠するなら今年か来年にしてほしい。再来年はダメ。６年担任の時にはやめてほしい」／「つわりくらいで休まれたら困る」／「母親として自覚があるのか？」／「いいなぁ早く帰ることができて」／「授業誰がやるんだ」（保育園から電話がかかってきて帰らなくてはならない時に）／…など。

子育て世代は、声を奪われています。職場で、肩身の狭い思いで働き、教材研究をする時間もなく、同僚と会話をする時間ももてない。子育てに対する社会の無理解、職場の多忙化や教職員未配置の問題が、このように冷たい視線や言葉となって、子育て世代、特に女性教職員たちを引き裂いています。

声を取り戻すには

どうしたら、教職員の声が聞こえる職場になるのだろう。どうしたら、子どもの声が聞こえる実践ができるのだろう。

冒頭の劇の中で青年教員が語ります。

松本：「学校には多様な子どもがいて、個に合わせた多様な指導がされるべきなのに、統一した指導に流されてしまう状況がしんどい。子どもを手っ取り早く型にはめて、社会に適応できたかのように仕立てるのが教育ではない。そんな統一された指導なら教師がやる意味はないし、学校の意味もない。周りの先生と一緒に、もっと子どもの話をしながら指導を考えたい」

本田：「社会から求められる姿を押し付けるのではなく、子どもたちの一番そばにいる大人として、声にならない子どもたちの声を社会に向けて発信できる教員になりたい」

同僚と子どもたちのことをたくさん語り合うこと、そんな時間が保障される学校にしていくことが、子どもたちの声を、教職員の声を取り戻していくことにつながるのではないかと思います。

わたしたちにもっと時間があったなら、我が子にも、クラスの子にも優しくできるのに。子どもたちの生きる世界にじっと身を置いて考えることができるのに。子どもたちの心に残る授業が準備できるのに。保護者や同僚たちと語りあい困難を共に乗り越えていけるのに。

「わたしたちは、心から願ってもない任務にあまりに多くの時間を割き、他方で、わたしたちが本当に価値があると思っていることには、ほとんど時間を費やせていないのではないでしょうか。どうしてこうも、なにもかもが、逆転しているのでしょうか。逆転現象に加担しているのは、〔時間をうまく作り出せない〕わたしたち一人ひとりの個人的失敗のようにも思えますが、実際はそうではありません。これこそが、政治的問題なのです。」（ジョアン・C・トロント『ケアするのは誰か？』）

「安保3文書」にインフォームド・コンセントはあるか

武蔵野美術大学・憲法　志田陽子

「反撃」と「集団的自衛権」の組み合わせマジック

2022年12月16日に閣議決定された三つの文書は、日本の安全保障政策を「転換」するものだと言われています。今、生活者目線での国民の関心は、「その財源はどうするのか」というところにあるようです。これは生活者としても主権者としても正当な関心です。が、財源が確保できればいいという話ではないはずです。たとえば、日本の領土内で突然に高価値資源が発見されて、財源問題がすべて解消してしまうほど裕福になったら、「安保3文書」の内容は議論しなくてもよいことになるのか、というと、そういうわけにはいきません。「国が自国民の安全をどう守るか」という問題には、それ自身の必要性・実効性・有効性・コスト&ベネフィットの議論、統治倫理や法や国際社会との信頼関係維持の議論が必要です。

「安保3文書」では、これまで「敵基地攻撃能力」と言われていたものが、正式に「反撃能力」と言い換えられ、「わが国が攻撃された時に反撃する問題だから、（法的に）問題はない」と内閣は答えています。しかし、それではすまないのです。内閣は、2022年の5月以来、この反撃を行うべき事態の中に、集団的自衛権行使が認められる「存立危機事態」も含む、という趣旨の見解を示し、その後この問題については答弁がブレているからです。2016年以降の安保法制では、日本は、攻撃されていないが、日本と「密接な関係」にある他国（A国、まずはアメリカ）が、ある国（B国）から何らかの攻撃を受けたときに、日本がA国のためにB国への武力攻撃を行うことやA国への後方支援を行うことが、「集団的自衛権」の行使として可能になっています（これ自体、識者の多くが憲法違反と見ています）。今回政府が打ち出した「反撃」すなわち他国領土内にある軍事基地への攻撃を、この集団的自衛権行使の要件によっても行えるとなると、たとえ日本の国内法とA国（アメリカ）との関係の中では形式上合法でも、日本とB国との関係では、「先制攻撃」となってしまうのです。「混ぜるな危険」というべき二つの筋が、もっとも危惧した形で混ぜ合わされようとしている、といえます。

このことが、国民にたいして、あまりにもわかりにくい形で進められてきました。このような仕立てになっていることに、納得して合意している国民がどのくらいいるのでしょうか。

決定・説明の憲法問題性

現在の政府と与党は、〝数の論理〟で法案を通してしまえばいかようにも「合法性」を作り出せる、そのことの白紙委任を有権者から与えられた、それが民主主義だ、と考えているように見えます。それがあまりにもあからさまに露呈したのが、現在の安保法制が可決された、2015年9月19日の国会でした。しかし本来は、「法の支配」という言葉は、この成り行きに「待った」をかけるためにある言葉なのです。「法の支配」というときの「法」とは、為政者よりも高次の、為政者が守るべきルールのことを言います。どんな内容であれ〝数の論理〟で法律案を可決してしまえば「合法」になる、という思考とは正反対の思考です。

憲法前文には、「平和的生存権」があります。日本は明文規定としてこれを持ちながら、きちんと使おうとしていないのですが、本来であれば「人間の安全保障」の考え方と合流して「高次の法」を形成すべき法概念です。この権利は、私たちが被害を受けないという自己利益の側面だけでなく、平和構築の責任を負う国の国民として「加害者になりたくない」という「良心の権利」も含むものと考えられるようになってきました。平和的生存権は、そこに生きる国民・住民が訴えている危険性や恐怖、危機感を「権利」へと構成できることに意義があります。国際社会で起きているさまざまな軍事的危機については、日本政府に責任を問いようのないものが多くあります。しかし、自ら挑発して招いた危機であれば、この権利に基づいて政府が責任を問われてしかるべきです。私たちは、そうした議論をすることができているでしょうか。

政府は、「安保3文書」のようなものを出すのであれば、これに関するシミュレーションを自らやって、その結果を国民に、判断材料として提供するべきです。こういう軍事パワーを持つことの必要性と危険性について、そしてそれでもそのリスクを飲むべき現実的な事情があるならそれはどういうものか、しっかり説明すべきです。「安保3文書」公表段階では、これは国会との関係ではまだ案に過ぎず、制度化・常備化に向けた法改正の可否や予算審議は、国会で行われます。「閣議決定されたからにはこれが結論」とするのではなく、見守っている国民に問題がわかるよう、議論を尽くしてほしいと願います。もしも、こうした熟議による意思決定を、「できっこない夢物語」と冷笑するならば、

「日本国民は『反撃能力』のような軍事パワーを制御する《能力》はないので、身の丈に合わない危険な道具を持つことはやめましょう」と言うべきことになります。そのことを含めて、議論の方向は、大きく二つあると思います。

一つは、抑止力に期待する軍備増強がむしろ国際的な軍拡を招いてしまう危険性や、国民への説明として語られる各種の「危機」が真実なのかという問題など、検証が必要なさまざまな事柄についてきちんと検証していく方向です。

本来はこうした検証と議論を、憲法審査会や臨時国会でやるべきなのですが、そのルートが機能不全に陥っているのが現状です。臨時国会は２０１５年の安保法制強行採決の後、有志の国会議員が要求しましたが、これが開かれず黙殺されてしまいました。それ以後、国会議員の側からの臨時国会召集要求は繰り返し黙殺され、これとは別筋のはずの内閣側からの臨時国会召集で済まされています。議会制民主主義が、議論不能の血行不良状態に置かれているわけです。

もう一つは、「これはたしかに、さらなる緊張関係とさらなる反撃（報復）を招く。だからそれをも超えるように、もっと強くならなければ」と、軍拡の方向へ進んでいく議論です。今の国会議員やメディアの論調を見ると、こちらへ向かいそうな気配がありますが、私たちは、有権者の気を引く公人言論や、購買者のアテンションを引くことを目的にしたメディア上の言論と、社会に必要な情報を誠実に知らせようとする言論とを見分けていく力を持つ必要に迫られています。

財政の視点とインフォームド・コンセント

仮に、現在の政府が思い描く防衛構想がそれ自体として正しいものであったとしても、財政バランスを見失えば、国民生活の重要な部分を圧迫し、社会一般を疲弊させてしまいます。私たちは、自分たちの生命・安全を守るための保険料をどこまで国に預けられるか、という問題を、自分たちの日常の生活生存との間で天秤にかけ、現実的な選択をしなくてはならないのです。この問題は、医療保険にいくら掛け金を払えるか、という問題と似ています。リスクには万全の備えを、と言われても、家計に合わせて身の丈に合う限度を現実的に考えなくてはならない。

この関心については、「安全保障の問題が予算・財源の議論へと矮小化されている」という言い方もあるようです。たしかに、財政という言葉が省庁ごとの予算獲得競争のことを指している時には、それは議論の矮小化でしょう。しかし、もしも、生活の現場から上がってくる声をそのように呼ぶ議論があるとしたら、現実世界を生きる生身の人間に対して失礼であり、財政民主主義の否定となってしまいます。

安全保障こそ、国民のインフォームド・コンセントが必要です。思考し諾否を判断する主体として正当に扱われていない、ということに、怒りを感じる国民もいます。私もその一人です。最後は主権者である国民や住民が、情報を求め、直視し、議論をするエネルギーを持たなくてはならないでしょう。これが、憲法12条が私たちに求めている、「不断の努力」なのだと思います。

すでに公教育において戦争への準備は進みつつある

元大阪府立高校教員　志水博子

戦争は教室から始まる

昨年12月、岸田首相が2023年度から5年間の防衛費の総額を43兆円にすると表明した時、とうとうここまで来てしまったのかと愕然とする思いでした。「二度と戦争を繰り返さない」と誓った戦後教育は、いつ、どこでUターンしてこんなところまで来てしまったのでしょうか。

「戦争は教室から始まる」とは、北村小夜さんの言葉です。1925年生まれの小夜さんは、「旗（日の丸）と歌（君が代）にそそのかされて軍国少女に育ち、親より教師より熱心に戦争をした私」と、自らの体験を語り続けておられます。小夜さんの著書を読むと、学校で子どもたちがどのように戦争に駆り立てられていったかがよくわかります。

私の母は小夜さんより5歳下ですが、小夜さんと同じく見事な軍国少女だったそうです。「お国のために死ぬことはちっとも怖くなかったよ。天皇陛下のために死ぬことが自分の務めだと思っていたんだからね。」そして必ず、こう言いました、「そんなふうに思うようになったのは教育のせいだよ。教育っていうのは恐ろしいね。」と。

戦争は、武器と、それを持って戦う人がいて初めて始まるのかもしれません。武器を持って戦う人、武器を持つことを拒否する人、いずれも教育が大きく影響します。

軍事費増大のニュースに、私がとうとうここまで来てしまったのかと暗澹たる思いになったのは、以前から、公教育において戦争への準備が再び進みつつあるのではないかと危惧を抱いていたからです。

教育基本法改悪

振り返ってみると、戦後教育において今ほど愛国教育が強化されたことはなかったように思えます。

かつて、学校では、天皇のために命を捨てることが国民の最高の道徳であると教えられ、お国のために身をもって尽くすことが求められたと聞きます。国家が戦争をする際には、必ず兵士が必要です。子どもたちを戦争に駆り立てる多くのツールが学校には用意されていました。教育勅語、「日の丸」・「君が代」、そして天皇の写真（「御真影」）、皇国神話や忠君愛国の物語の数々。それらにより、子どもたちは、小夜さんや私の母のような少国民・軍国少女となり、戦争に駆り立てられていったわけです。私は子どもの頃、母からそんな話を聞かされても信じられない思いでいました。でも今は違います。そうあってほしくないと思いながらも、今、教育の怖さを感じています。

戦後、1947年に〝教育の憲法〟とも称される教育基本法が公布されました。その主旨は前文によく表れています。

「われらは、さきに、日本国憲法を確定し、民主的で文化的な国家を建設して、世界の平和と人類の福祉に貢献しようとする決意を示した。この理想の実現は、根本において教育の力にまつべきものである。われらは、個人の尊厳を重んじ、真理と平和を希求する人間の育成を期するとともに、普遍的にしてしかも個性ゆたかな文化の創造をめざす教育を普及徹底しなければならない。ここに、日本国憲法の精神に則り、教育の目的を明示して、新しい教育の基本を確立するため、この法律を制定する。」

この前文は、大日本帝国憲法下の戦争の歴史の反省に立ち、新しい憲法すなわち日本国憲法で示された民主主義と平和を実現するために教育があると宣言しています。先日亡くなった作家の大江健三郎さんは、この新しくできたばかりの「教育基本法」の光が四国の森のなかの新制中学1年である自分のところにまで射してきたと、その時の感動を述べておられました。

教育基本法の公布とともに、教員たちは「教え子を再び戦場に送るな」と誓い合いました。そして、「日の丸」や「君が代」は学校から姿を消しました。学校において「日の丸」を掲げ、「君が代」を斉唱することは、子どもたちに愛国心を刷り込み、国家に対する正常な批判力を奪うことにより、判断停止状態に陥らせる危険性があります。ところが、政府は、戦後しばらく経つと、「日の丸」「君が代」を再び復活させようとします。

私は、国旗・国歌の強制は、民主主義とは相容れないものだと考えています。まして、戦争中に「日の丸」「君が代」が果たした役割を考えれば、到底許されることではありません。2003年東京都教育委員会は、卒業式や入学式において「君が代」を起立して斉唱せよ、との通達（命令）を教職員に出し、従わなければ懲戒処分とする方針を打ち出しました。当時の都知事は、大江健三郎さんと同世代の石原慎太郎氏でした。

そして2006年、第1次安倍政権により、ついに教育基本法は改定されます。制定当時の理念は大きくゆがめられ、国が国民の教育に責任を負うことや、権力の不当な支配に屈しないという側面は薄められ、日本の伝統や愛国心を育むことを教育の目標とし、教育の責任が国ではなく国民に向けられるよう変えられてしまいました。

この時、大江健三郎さんは、「教育の力にまつべきものである」との言辞が改定文から脱落していることに鋭く警鐘を鳴らされました。教育基本法改定は、日本が戦争する国に向かう一里塚となったように思います。

全国学力テスト体制と大阪府「君が代」条例

教育基本法が改定された翌年の2007年、全国学力・学習状況調査（以下、全国学力テスト）が復活します。本来は行政調査、いうなれば行政が自らの教育施策を検証するために行われるはずのものですが、現状は「点数」競争と化しています。都道府県別の平均点が公表されるようになると、首長の政治的道具にさえされて、さらに子どもや教員を追いつめています。教育行政学者山本由美さんは、こういった学力テスト体制を「教育への市場原理の導入」というだけでなく「国家が決定した教育内容にかかわるスタンダードの達成率に基づき、・・・エリートと非エリートの早期選別を目的にした、徹底した国家統制の仕組みである」と言われています。つまり全国学力テストはたんなるテストではなく、教員管理、学校管理を通して国家統制として機能しているということです。

その全国学力テストの市町村別結果公表を率先して行ったのは当時の大阪府知事の橋下徹氏でした。また、彼は、教育基本法改定後、２０１１年6月、全国でも例をみない「大阪府の施設における国旗の掲揚及び教職員による国歌の斉唱に関する条例」（以下、「君が代」条例）を施行し、以来、大阪府教育委員会は、公立学校すべての教員に対して、卒業式や入学式では「君が代」を立って歌えとの職務命令を出しています。命令に違反すれば懲戒処分です。「君が代」条例と全国学力テスト体制は、もの言えぬ・もの言わぬ学校の時代の到来ともいえます。

政府が戦争を始めようとした時、公教育はそれに抗うことができるのか、むしろ戦争体制に順応する教育が進んでいるのではないかと懸念します。

追いつめられていく子どもたち

今では公教育の指標として機能しています。点数という一元的な価値により学校も教員も子どもも競争させられ、評価されます。教員の仕事は、本来子どもと接することにあるはずですが、それよりも子どもの点数を上げることが求められます。子どもたちは子どもたちで、小学生から自分が全国で何番目にあるかという物差しを突きつけられます。

全国学力体制によって最も懸念されることは、子どもたちが「点数価値」に慣らされ、それが「力」だと思い込まされていくことです。「点の取れる」子どもは誤った「エリート」意識を持ち、一方で「点が取れない」子どもは萎縮せざるをえず、いわゆる自己責任論に子どもの時から絡め取られてしまいかねません。そうなると、将来たとえ理不尽な労働環境にあったとしても、貧困であったとしても、そして戦争に駆り立てられたとしても、声をあげることはなかなか難しいのではないでしょうか。

全国学力テストのCBT化

学力テストは今後さらに危険な方向に進んでいきそうです。

２０１６年第２次安倍政権において閣議決定された未来社会構想「Ｓｏｃｉｅｔｙ５・０」は、翌２０１７年には、同じく閣議決定で国家戦略「未来投資戦略２０１７」として位置づけられます。そして、この「Ｓｏｃｉｅｔｙ５・０」に基づき、文科省のみならず、総務省・経済産業省が事実上教育行政に介入し、さらに菅政権において２０２１年９月発足したデジタル庁もそこに加わります。公教育は、すでに極度に政治化された状況にあるといえます。

全国学力テストは２０２４年度から順次ＣＢＴ方式すなわちオンラインを利用して行うことが決定しています。

このまま行けば、子どもの個人情報はデータベース化が行われ、教育の市場化がさらに進みます。公的ＣＢＴプラットフォームである「文部科学省ＣＢＴシステム（ＭＥＸＣＢＴ：メクビット）」は、たんに学力テストのデータ管理だけではなく民間企業も参入する巨大なデータバンクとなり、それが軍拡を進めようとしている政府のもとでどのように使われるかは現在のところ私たちが知ることができません。

貧困と戦争

コロナ禍が明らかにしたことのひとつに子どもの貧困の実態があります。一斉休校給食中止により「食事にこと欠く小中学」が143万人もいると報道されました。学費が払えない、奨学金返還が生活を困窮させている学生の現状もよく伝えられています。米国では学力テストの結果が本人の同意なしに軍のリクルーターに提供された事例があります。自衛隊に数年入隊すれば奨学金が免除になると言われれば、それに乗る若者がいても、私たちにはどうすることもできません。年1兆8千億円の予算があれば国立大学の授業料は無償化できる試算があるというのに、です。

2007年『「丸山真男」をひっぱたきたい〜31歳、フリーター。希望は、戦争。」(赤木智弘)という論考が注目を浴びました。それほど格差が広がっていたのですが、今はさらに貧困と格差は構造的になっているような気がします。米国では、「貧困ビジネスとしての戦争」(雨宮処凛)、「貧困徴兵」(市川ひろみ)の言葉に象徴されるように、貧困と戦争が結びつくことが明らかにされています。貧困・愛国・軍拡―日本は今同じ道を歩み始めているように思えます。

現在98歳の北村小夜さんは、「戦前の教育はすでに復活している」と言われています。今、政府がなすべきことは、軍拡ではなく、戦後教育の理念を取り戻し、教育に予算を費やし、真の平和国家を目指す道ではないでしょうか。

戦争のない社会で子どもたちを育てたい
～今こそコスタリカに学びたい

弁護士　杉浦ひとみ

戦争に巻き込まれる現実的な危険の切迫

昨年末、敵基地を攻撃できるようにすることを内閣が閣議決定したことから、いよいよこの国は本当に戦争をする国になってしまうという強い危機感に焦りを感じた。２０１５年の安保法制の強行によって、それまでかろうじて攻められなければ武器をとらないという専守防衛を守ってきたこの国が、アメリカと一緒になって武器を持って海外に出ていくことが可能になってしまっているからだ。つまりアメリカが危険だと感じたら、その指示のもとで、未だ日本を攻撃してもいない他国の基地を、日本が先に攻撃することになるのだ。日本は当然、反撃を受ける。ウクライナの映像と同じ被害がたちまち日本に起きるのだ。

戦争が起きるときの社会の様子

戦争の開始は、社会の中でそれを容認する空気が作り出され、市民は知らず知らずに受け入れさせられていく。

自らも東京大空襲を体験した歴史作家の故半藤一利さんは、戦争に進む国の空気を次のように語る。

「戦争が庶民にどう伝えられていたか、庶民がどう見ていたか、ということも取材して記録しました。戦争を鳥瞰的に見た時、判断する人、判断に翻弄される人という2種類の人間がおり、後者は多くの場合その生命や身体の安全生活の平穏を軽んじられる立場にあるのですが、しかし彼らが判断者の判断を支援するという構造が採られているのです。自らの悲劇を支援し後押しをする構図ができるのです」

これにはマスコミが大きな役割を果たしたと、自らもマスコミに籍をおいた同氏は語る。

「A新聞は事変（1931年満州事変）が勃発した若槻内閣の頃は、事変反対みたいなことを書いていたのが、途中から方針が変わります。関西で不買運動が起きたからです。…新聞がそうなっていった背景には、このころ、ラジオの特報が盛んになって…第一報ではラジオにかなわないから、内容がどんどん過激になっていったのです。また、1932年頃からは日米戦争にむけて、反米世論を沸騰させる出版が山ほどされました。2月『日〇もし戦はば?』、4月『覚悟せよ? 次の大戦』『世界知識増刊　日米戦うべきか』、5月『昭和10年頃に起きる日本対世界戦争』、6月『日本危うし！太平洋大海戦』、10月『宿命の日米戦争』、11月『日米戦争の勝敗』…こうして、社会の空気を醸成していったわけです。そして、国民はどんな強国が相手であろうが、ただ『来るべきものが来た』と受け入れるだけとなるのです。戦争がはじまったころの日本人の大人たちはほとんどが、いまさら少しも驚くべきことにあらずという心理にあったと、私は見る」と。

「戦争が廊下の奥に立っていた」という渡辺白泉の句は、戦争が皆に警告を与えながら来るのではなく、ぬ〜っと薄ぼんやりといつからかそこにいるという恐怖を表している。

社会に漂う空気は、先の戦争のときと大きくは違わないだろう。「新しい戦前」とタモリ氏が呼んだというが、戦争世代を直に知る彼の敏感なアンテナがそう呼ばせたのだろう。

戦争は合理的には終われない

そして戦争は一度始めたら形勢を少しでも好転させるまではと停戦を決断できない。また庶民の命や生活は何も顧みられない。3万人の犠牲を出したインパール作戦で、軍司令官から『どのくらいの損害が出るか』との質問に作戦参謀が『5000人殺せばとれると思います』と返事。最初は敵を5000人殺すのかと思った。しかしそれは、味方の師団で生命や身体の安全生活の平穏を軽んじられる立場、5000人の損害が出るということだった。まるで虫けらでも殺すみたいに、隷下部隊の損害を表現する。参謀部の将校から『何千人殺せば、どこがとれる』という言葉をよく耳にした」という元少尉の回想録の言葉は、戦時下の庶民の命の軽さをショッキングに物語っている。今のウクライナのゼレンスキー大統領がこのような感覚を持っていないだろうか。ワイドショーでお茶の間に向かって語る日本の軍事評論家が、すでにこの感覚で日本の軍事地図を描いてはいないだろうか。私たち庶民は紛れもなく「生命や身体の安全生活の平穏を軽んじられる立場」なのだ。

戦争の被害は永劫に残る

他方、顧みられない数の一人である庶民が受けた戦争の被害は消えることがない。戦時性暴力の被害者救済の裁判、東京大空襲裁判に関わり、お会いした何人もの被害体験者の方々は、戦後70余年を経ても、癒えることのない恐怖と苦しみと怒り抱え、そしてみな鬼籍にそれを持っていかれた。

戦争を知る者は、田中角栄や野中広務など自民党の政治家であっても「戦争だけは起こしてはいけない」と言い続けたのは、戦争のこの実態はいつでも同じだからである。

9条が国際社会で日本を守ってきた

憲法9条は、大きな役割を果たしてきた。1980年代末期のイラン・イラク戦争で、ペルシャ湾を航行する船は全船攻撃対象とされた際に、戦争をしない日本は狙わないから甲板に大きく日の丸を描いてよく見える日中に航行するようにと外交的に指示され、日本は無事に資源を日本に運んでくることができたという。また、2001年同時多発テロ後のアフガニスタン戦争（20年続いた）のさなか、日本は元タリバンの外相からも「日本は戦争をしない国だから、平和のために仲介をしてほしいと」求められたという。

憲法前文の「平和を愛する諸国民の公正と信義を信頼して、われらの安全と生存を保持しようと決意した」との実践は、人を傷つけることなく抑止力となってきたのである。

危険な水域にある日本

ところが、憲法を改正する手続きを取らないままに、閣議決定やアメリカとの合意にリードされるように、平和主義を手放し、三権分立を踏みにじり、主権者の意思で権力をコントロールするという立憲主義をもないがしろにされ、それが激しくなってきているのがこの7~8年の政治である。

そして、2022年末に岸田政権が、5年で43兆円、GDP比2%という防衛費の増額を打ち出しその詳細も明らかにされず、費用をどう捻出するかも決めないままに、軍拡の方針が示された。これは、子どもの将来や、貧困にあえぐ女性などの弱者を顧みないものである。

さらには、出生率が80万人を切る事態に至り、少子化問題こそが国の存亡にかかわる問題となった。この期に及んで、子育てしやすい国になることにお金をかけるのではなく、逆に自国の子どもも他国の子どもをも殺すことになるような戦争を進める政策を選ぶことは、正気とは考えられない事態である。

軍備の額だけ子どもの未来に予算を~コスタリカに学ぶ

1949年中米コスタリカが、『兵士の数だけ教員を』をスローガンに軍隊を放棄して、その費用を子どもの教育と福祉に回し、平和な下で子どもたちを育て、今も軍隊を持たずに外交による平和を貫いている。荒唐無稽とも揶揄されるコスタリカの採った方針を、今こそこの国で実践するくらいの思い切った国の方針転換が必要である、というのが私の本心である。軍拡は、周辺諸国に対して緊張感を与え、敵を作り戦争の危険性を呼び込みこそせよ、平和とは対局の行動である。軍拡ではなく外交努力を積み重ね、平和を模索すべきであり、他国との緊張を増すその予算で、子どもたちを育てたい。それはこの国の未来の展望につながるはずである。

女たちが立ち上がる決意

政府の不条理な政策判断は、党内・行政機構内での自浄作用が機能しておらず、最終的には選挙権でこれを変えていくしかない。そのためにも、自分たちで戦争に進む国家にはしたくないという、大きな反対の流れを作るしかない。そういう思いで立ち上がったのが、「平和を求め軍拡を許さない女たちの会」である。

今こそ、軍事に進む政治から脱し、生活と平和を守る「女性」目線での政治が必要だとの思いである。「女性目線」は女性に限るのではない。力に頼るのではなく人の命や心を大切にし、日々の平和な生活を考える政治を、今は象徴的に伝えようと考えた。この思いは私たちの間に、あたかも揮発性のガスが充満するように漂っていた。「なにかしなければ！」のわずかな発語は火花となり引火し、燎原の火のように燃え広がったことを感じた。

1カ月で約7万5000の署名集め、政党への署名提出を皮切りに、この女たちの会は始動した。集会等でこの会を紹介すると「私もその仲間です」との声をたくさんいただく。多くの人が待っていた動きだったと実感する。

これからだ。

今、政治に求められているのは、いのちと暮らしの安全保障

龍谷大学社会学部准教授　砂脇　恵

ミサイルではなく公的生活保障を

コロナ禍の3年間、私たちの暮らしを支える社会的基盤の脆弱性が顕わになりました。なかでも、安定した雇用・就業や社会保障システムから排除されてきた人びとをコロナ禍が直撃しました。そこに2022年からの物価高騰、光熱費の引き上げが加わり、生活困窮は拡大、深刻化しています。

こうしたなかで、政府は「敵基地攻撃能力」の保有および5年間で「防衛」関連費43兆円の予算化を含む「安全保障関連3文書」の改定を、閣議決定しました（2022年12月）。その計画の第一歩として、防衛費過去最大の6兆8219億円を含む2023年度予算案が、野党反対のなか、衆議院を通過しました（2023年2月28日）。

これら軍拡と増税を進めんとする政府・与党の方針は、憲法第9条を形骸化させ、暮らしと平和を脅かすものです。私は断固として反対の意を表します。

政府は「防衛」費倍増の理由を「国民のいのちと暮らしを守るため」と説明します。では、人びとのいのちと暮らしを脅かしているものとは何なのか。ミサイルよりも、政治の貧困、政治の不作為が人びとのいのちと暮らしを苦しめているのではないでしょうか。その証左として、コロナ禍と物価

高騰に苦しむ母子世帯の暮らしの実態を明らかにし、いのちと暮らしの安全保障こそが政治に求められていることを訴えます。

ひとり親世帯の相対的貧困率は、１９９７年の63％から減少傾向をたどったものの、２０１８年、48％と依然高く、改善というにほど遠い状況にあります。厚生労働省「全国ひとり親世帯等調査」（２０２１年度）によれば、86・3％のシングルマザーが働いているにもかかわらず、半数近い世帯が就労収入「２００万円未満」であり、約4割の世帯が預貯金「50万円未満」です。こうした状況でいのちと暮らしが守られているといえるでしょうか。

子どもへのケア役割と稼働役割を一手に担うシングルマザーは、綱渡りのような生活のなかで、「助けて」という余裕すらなく、自助を強いられています。これまでなんとか持ち堪えてきたけれど、コロナ禍と物価高騰の打撃を受けて、もう生きていけない、そのようなシングルマザーのＳＯＳが民間支援団体にたくさん寄せられており、支援のキャパシティを超える状況になっています。もはや自助と共助だけでは、いのちと暮らしは守っていけない。いままさに、公的な生活保障が求められているのです。

母子世帯の経済的困窮と社会的孤立～アンケート調査から

ここではシンママ応援団（大阪・熊本・福岡）が２０２２年9～10月に実施した「シンママ応援団の活動に関するシンママアンケート」※をもとに、母子世帯の暮らしの現実を明らかにします。

（1）暮らしの基盤の不安定性（図1）

シングルマザーの就業率は72・2％で、就業者のうちパート・アルバイト等の非正規雇用が約6割、自営業・フリーランスを加えると、不安定就業者が7割近くを占めています。しかも、働いているシングルマザーの6人に1人はダブルワークです。一方、3割のシングルマザーは「正社員・正規職員」ですが、その多くは、医療・介護・保育で、低賃金の業種に就いています。

一方、働いていないシングルマザーの過半数は自身の健康上の事情を抱えています。

図1　働くシングルマザーの就業形態

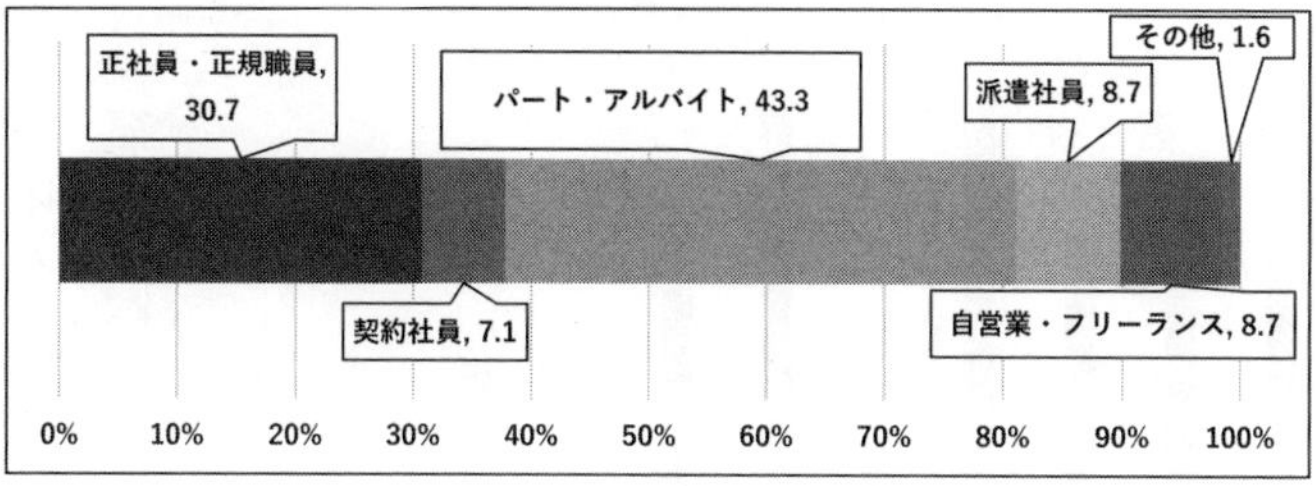

（2）コロナ禍と物価高騰による家計圧迫

直近の月収がコロナ禍以前の通常月より「減少した」世帯は、56・3％で、その3分の1の世帯は5割以上収入が減りました。また、7割を超えるシングルマザーがコロナ禍によって仕事や収入に「影響があった」と回答し、その理由として最も多かったのは「労働日数・労働時間の減少」（35・8％）、「仕事の収入の減少」（30・7％）でした。コロナ禍以降、多くのシングルマザーはパートのシフトカット、休校・休園による日中の子どもの世話、コロナ感染・濃厚接触による休業などによって労働時間の減少を余儀なくされました。とりわけ時間給の仕事の場合、収入減に直結します。

失業や休業に伴う収入減に対応するはずの社会保障は、利用されているでしょうか。アンケートでは、雇用保険（失業給付）で13・6%、休業支援金・給付金で7・4%と、著しく低い状況にあります。生活保護制度も14・8%にとどまっています。

図2　生活費の困りごと（複数回答）

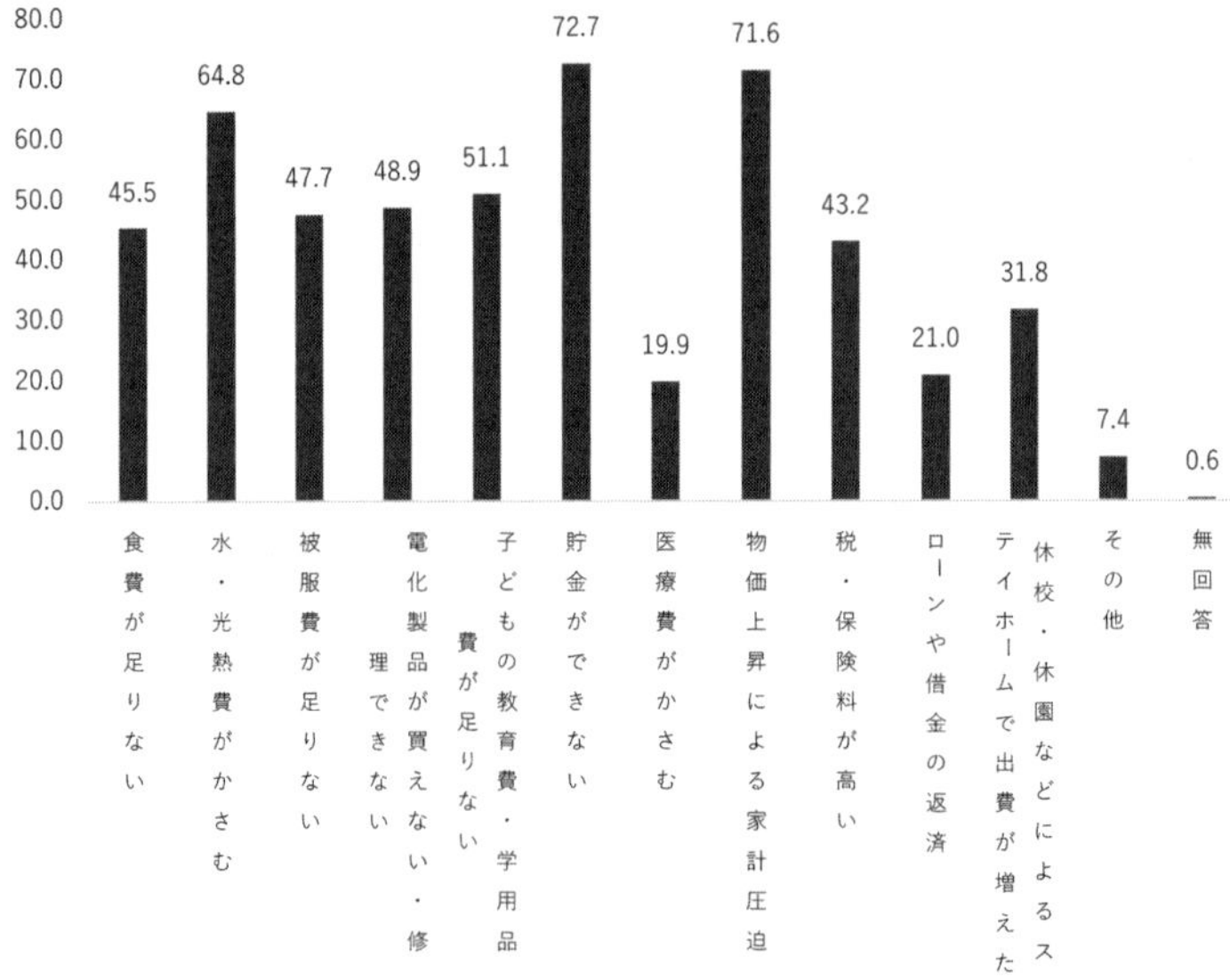

次に、家計の支出をみていきます（図2）。回答者の71・6%が「物価上昇による家計圧迫」を訴え、「水・光熱費がかさむ」（64・8%）、「被服費が足りない」（47・7%）、「食費が足りない」（45・5%）など、生活の基礎的支出の捻出に困っている現状がわかります。それらを節約してもなお、過半数の世帯が「子どもの教育費・学用品費が足りない」状態にあり、4分の3の世帯が「将来のための貯金ができない」のです。

過去3カ月の家計支出で切り詰めたもの、あきらめたもの（図3）として、最も多かったのは「靴・衣料品代（ママ用）」、「美容費・化粧品代」で、いずれも7割を超えており、ついで「趣味・レジャー代」が約6割を占めています。

図3　過去3カ月、家計で切り詰めたもの、あきらめたもの（複数回答）

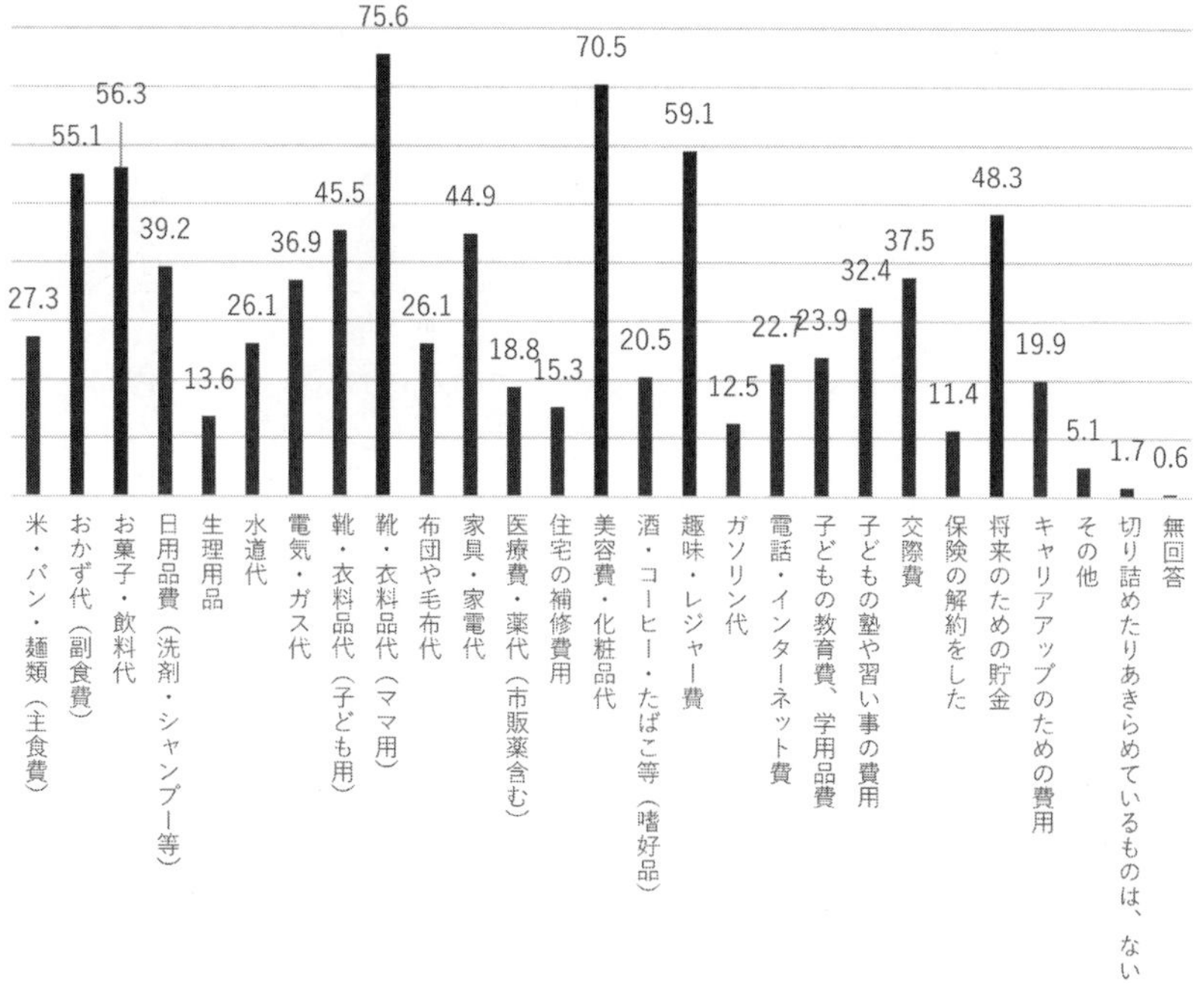

これら今日明日の生活に必需ではない支出を削っても、物価高騰の打撃が家計を苦しめています。過半数の世帯が「お菓子代・飲料代」「副食費」を、4割近くの世帯が「電気・ガス代」「日用品費」を切り詰めています。特に深刻なのは、生存に必需の「主食費」「水道代」さえも切り詰めている世帯が4分の1を超えている点です。そして、雇用が不安定な世帯、無業の世帯ほど、食費や水光熱費など生活必需の支出を切り詰める割合が高まります。

自由回答では、「物価は高騰しているが、最低賃金は変わらない」「食費を削っても、物価上昇で1万円増えた」「節約しつくしました。これ以上詰められません」「いつもお金や食べることに子どもを悩まして申し訳ない」などの声が寄せられています。

（3）子どもの教育費が足りない

アンケートでは、子どもの教育費の困りごとについても尋ねています。中学生以上の子どもがいる世帯にしぼってみていくと、7割以上の世帯が「塾や習い事の費用が高い」、過半数が「進学費用の準備ができない」と回答しています。

自由回答では、「制服などの購入、筆記具、絵の具・習字セットなど入学時の費用に困る」「中学3年で来年から学費がかさむのに児童手当がなくなるのが心配」「自分の進路を希望ではなく家庭の経済状況で決めようとしている」「子ども3人の奨学金の返済が続くと気が重い」などの声が寄せられています。

（4）児童扶養手当の改善を求める声

こうした母子世帯の家計を経済的に支えるはずの児童扶養手当は、十分でしょうか。本アンケートには、給付水準や給付要件が母子世帯の生活実態と乖離していることから、改善を求める声が多く寄せられました。

手当の給付額の改善点として最も多かったのは、「働いたら減額される」で60・2％でした。また、「第二・三子以上の手当額が低い」（40・9％）「第一子の基準額が低い」（36・9％）など給付水準の改善を求める声もあがっています。

また、制度の谷間の問題として、「子どもが18歳を超えると支給されない」（54・0％）、「家計急変に対応しない」（35・2％）ことの改善も求められています。

自由回答では、「子どもが3人いるので正社員になったが、児童扶養手当が停止された。子ども3人いての停止は生活がきつい」「働いて稼ぐことと引き換えに子どもとの時間や家事や睡眠の時間を削っている」「DVのため子ども2人連れで逃げてきたが、離婚が成立しないと支給対象外で生活がとても苦しかった」などの声も寄せられました。

図4　普段の体調について感じていること（複数回答）

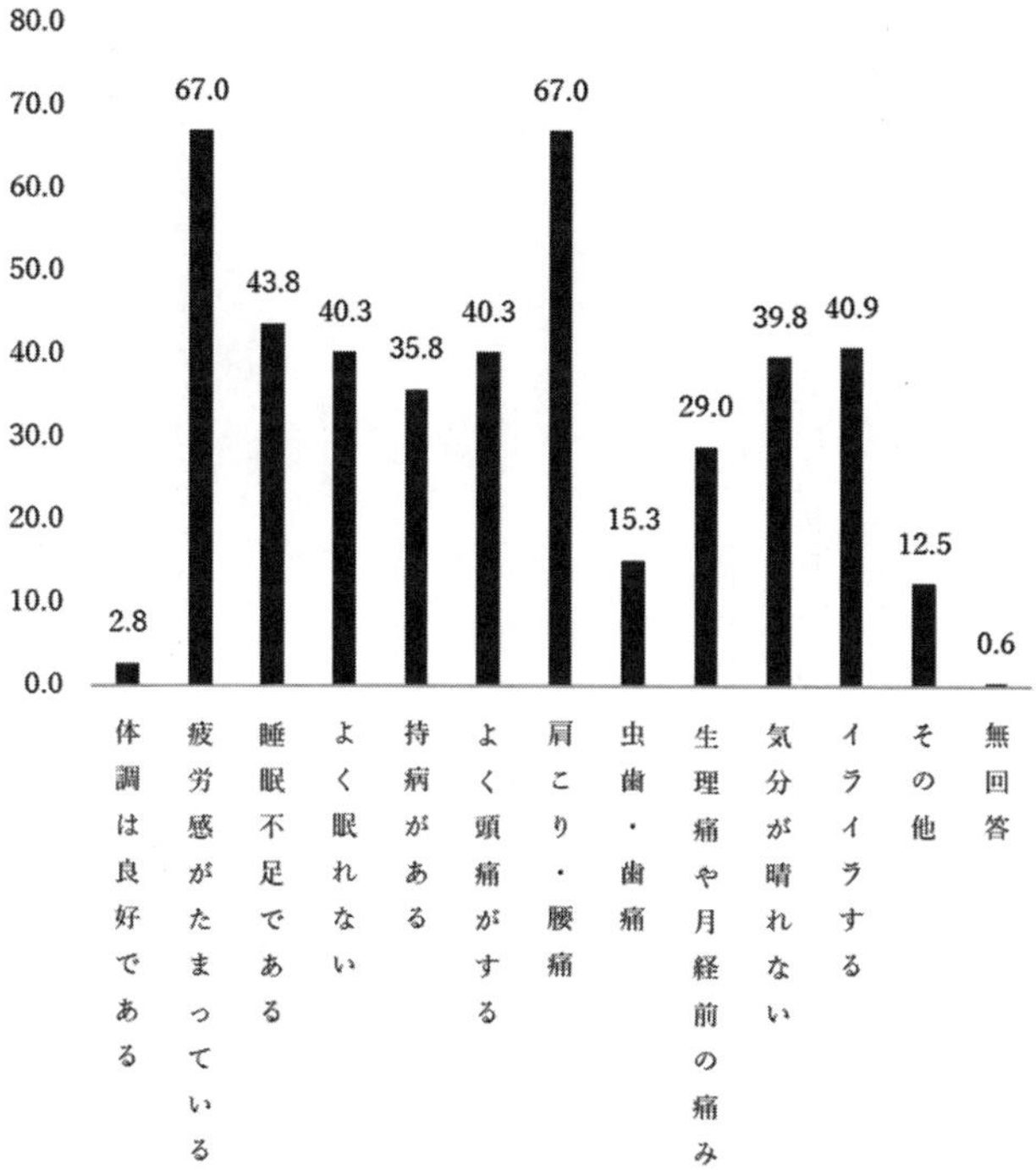

（5）心身の不調と社会的孤立の状況（図4）

以上のような厳しい経済状況のなかで、シングルマザーの心身面にも不調があらわれています。普段の体の状態について尋ねたところ、「良好」と回答したのはわずか2・8％に過ぎず、残りの97・2％は何らかの不調を抱えています。「疲労感がたまっている」「肩こり・腰痛」が67・0％、「睡眠不足」「よく眠れない」「イライラする」「気分が晴れない」がいずれも約4割を占めています。

家計を支え子どもを育てる役割を一手に背負うシングルマザーにとって、日常的に相談できる、頼れる相手の存在は重要です。アンケートでは日常的な相談相手、頼れる相手について、「家族・親族」、「友人」と回答したのがいずれも4割強でした。一方で回答者の7人に1人が「相談や頼れる相手がいない」（15・9％）、「人に頼れない・頼りたくない」（12・5％）で、経済的困窮を孤独のなかでなんとかしていくしかないシングルマザーが少なからずいることがわかります。

おわりに

コロナ禍は、人のいのちと暮らしを「ケアをする人のケア」を軽視する社会のありようをも浮き彫りにしました。安定的な雇用・社会保障制度に守られず、今日明日の家計をなんとかしのごうと自助努力を続け、健康面の不調を来している。それがこのアンケートで明らかにされたシングルマザーのリアルな姿です。この状況を放置する社会が、はたして平和と言えるのでしょうか。「いのちと暮らしを守る政治」と言えるのでしょうか。

子どもたちが健やかに育ち、将来に希望をもてる社会、そうした子どもたちを育てケアする人を応援する社会こそ、平和実現の基盤です。

物価高騰の現在、まさに公的な所得保障、教育無償化のさらなる拡大が求められています。軍拡ではなく、ひとりひとりの現在、将来の暮らしの安全保障こそ、最重要課題です。ひとりひとりの暮らしの声に耳を傾ける政治の実現を強く求めます。

※一般社団法人シンママ大阪応援団・シンママ熊本応援団・シンママ福岡応援団のサポート世帯を対象に、2022年9月〜10月に実施。対象世帯328世帯のうち、回答は176件で回答率53・7%。単純集計速報（2022年11月発表）https・・//drive.google.com/file/d/13q63ivkBeU3oQ3ly_HUXveR7PE1FkhbR/view?usp=share_link

1人でも多くの国民が幸せを感じることができる予算を

シンママ大阪応援団　髙橋恵子

スペシャルボックスで生活をつなげて

大阪市在住の中学生と小学生の2人の子どもを育てているシングルマザーです。

私は、アルバイトで事務の仕事をしています。子どもたちが小さかった頃は、電話がかかってくるとすぐに保育所に駆け付けていましたし、小学校にあがっても、発達障がいということもあって、学校から頻繁に電話がかかってきては、他の親御さんに謝りに行ったり、担任の先生や教頭先生等4~5人の先生に囲まれて面談をしたりと、何かと子どもたちに手がかかることが多いためフルタイムで働くことができません。

そんな中、新型コロナウイルス感染症が流行りだし、徐々に仕事量が減り、半年後には仕事がなくなりました。コロナ禍では、児童手当と児童扶養手当、そして毎月必ず送っていただけるシンママ大阪応援団からのスペシャルボックスで生活をつなげてきました（スペシャルボックスとはシンママ大阪応援団が毎月実施している食糧日用品送付事業のこと。125頁参照）。節約する生活は普段から慣れているので、何とかなると思っていましたが、今回ほど厳しいと実感したことはありませんでした。

コロナ禍で外出も制限され、学校にも行けなくなり、そんな中で中学に進学した息子は、完全に引きこもりとなってしまい、今は夕方前に起きて、それから10時間以上もゲームやユーチューブばかりみて明け方頃に寝る、という感じですっかり昼夜逆転の生活を送るようになりました。

昨年末からは少しずつ仕事も増えてきて、ここ1～2カ月はコロナ前とほぼ変わらない収入も得られるようになったかと思ったら、先月のガス代の請求が1万7500円、今月は少し節約を試みたので1万4500円と3000円下がりました。電気代も1万円です。コロナでの制限がなくなりつつある今、水道光熱費は驚くほどに跳ね上がっています。

光熱費を抑えるため家の中で外出用のジャケットを羽織ったり、トイレの水をみんなまとめて一度に流したり、冬でも短時間でサッとシャワーで済ませたり、どんなに寒い日でもお湯でなくお水で茶碗を洗ったりしていても、水道光熱費は減りません。これまでは、「節約することを楽しもう！」と思いながら生活をしてきましたが、ここ最近は、先進国と言われるこの日本で、ここまで節約しながら生活している自分が、みじめに思えるようなってきました。

苦労させるために子どもを生んだわけではない

この4月には下の子が中学に進学します。上の子の時は、緊急小口資金を利用して準備しましたが、これ以上借金はしたくないので、今回は、民間の奨学金や入学サポートお祝い金等の申請を出しています。その申請が通ってやっと、希望に満ちた中学校生活をスムーズにスタートさせてあげることができます。

働くことに手を抜いているわけではないのですが、いつも時間に追われています。贅沢をしているわけではないのですが、出費を押さえることに必死の毎日を送っています。

コロナ禍を経験し、今回の物価高、光熱費高を経験して痛切に思うことは、児童手当と児童扶養手当の大切さです。そして、民間のものですが、給付型奨学金があるということが救いでした。

自分の限られた時間内で稼げる金額は知れています。空いた時間に仕事を探しては働いていますが、手取りで10万円を超えたことがありません。

親のこんな姿を見て、また、国の防衛費増額でそのつけを支払って行くことになる、将来を担っていく今の子どもたちは日本という国に希望を持つことはできるのでしょうか。苦しい生活をするのは、自分の時代で終わらせたいです。苦労させるために子どもたちを生んだわけではありません。貧困や戦力におびえるのでなく、希望と愛情に包まれて、健やかに育っていける社会になって欲しいです。

政治は自分の身近な生活に直結していることを今回、強く感じました。防衛費を増額しようとしている今の政府に憤りを感じると同時に、無関心ではいられない、と今回強く思いました。

防衛費よりも平和に暮らせるよう、1人でも多くの国民が幸せを感じることができるような政策に予算を使って欲しいな、と切に願います。

今なら引き返せる

法政大学名誉教授・前総長　田中優子

少子化の危機

少子化は、日本人の生活を深刻に脅かすギリギリのところに来ています。2022年に国内で生まれた日本人の子どもは、約77万人。政府の想定より11年も早く少子化が加速しているのです。65歳以上の高齢者の数は、予想グラフを見ると2050年には減少に向かいます。しかし手遅れでした。少子化に歯止めがかからないので、高齢者の数が減少しても2065年、つまり今から42年後まで高齢化率は上昇し続け、高齢者を支える若年層の数は減り続けます。つまり、負担が増え続けるのです。

2015年の「厚生労働白書」は、国民が希望している出生率1・8が実現できれば人口減少に歯止めがかかる、としています。現在の出生率は1・34です。結婚と子育てを希望していても、それが叶えられていないのです。白書が出てから8年、出生率は下がるばかりでした。どのような調査結果を見ても、原因は歴然としています。若年層の経済・雇用環境が悪化し続け、一方で保育や教育に費用がかかりすぎるので、子どもを産めないのです。非正規の男性たちの多くは結婚もできません。原因が経済的状況だとわかっていながら、政府はその帳尻を「家庭」に持っていこうとしています。

例えば麻生副総理は少子化の原因を「女性の晩婚化」だと言い、女性のせいにしました。これだけで、いかに今の社会の現実を知らないかがわかります。なぜ晩婚化するのか、女性の立場に立って考えてみていただきたい。日本はかなり前から、男性のみに生活を頼ることが不可能になっています。それを肌身で感じている女性たちは、自らのキャリアをできるだけ早く確立し、結婚と出産に備えねばなりません。あるいは、一人でも生活できるようにしなければなりません。一昔前の、男性が大黒柱であった時代の記憶だけで社会を見ている政治家たちは、人々の生活が激変したことを、知らないのです。首相は施政方針演説で「何よりも優先されるべきは、当事者の声」とおっしゃいました。真剣に当事者の立場に立っていただきたい。出産、育児、保育園、小学校から大学までの、教育費の本当の無償化が実現できれば、安心して子どもを産み育てることができる、とわかるはずです。そのために必要な子育て・教育の無償化にかかる費用は5兆9829億円（『しんぶん赤旗』）という計算が出ています。軍拡に43兆円使う一方で、少子化が課題だと言いながら対策は遅れ、来年度予算案の文教費の増加額はわずか102億円、率にして0・3％です。この物価高騰では、実質マイナスです。

台湾有事は日本有事ですか？

首相は施政方針演説で「まず優先されるべきは積極的な外交の展開です」とおっしゃった。しかし昨年おこなった「防衛力強化の有識者会議」議事録を見ると、防衛力を軍事力のみで語っており、外交による防衛を全く論じていません。しかも台湾有事があたかも日本有事であるかのようにみなしています。しかしいったいどのような論理的な道筋で台湾有事なるものが起こり、それが日本有事になって行くのでしょうか？　その説明が全く無いまま、軍拡は進んでいます。

「日中共同声明」は、次の二つが柱になっています。

一、日本国政府は、中華人民共和国政府が中国の唯一の合法政府であることを承認する。

二、中華人民共和国政府は、台湾が中華人民共和国の領土の不可分の一部であることを重ねて表明する。日本国政府は、この中華人民共和国政府の立場を十分理解し、尊重し、ポツダム宣言第八項に基づく立場を堅持する。（注：ポツダム宣言第8項：日本国の主権は本州、北海道、九州及び四国ならびに我々の決定する諸小島に限られる）

「一つの中国」という位置付けは、米国も同じです。さらに1992年に形成された「92年コンセンサス」というものがあります。これは中国と台湾の間で、「一つの中国」という原則を口頭で合意したものです。台湾側にとっては「中華民国が中国である」という意味なのですが、中国はそれを承知の上で否定しない、というあえて「曖昧」な状況で連携してきました。その姿勢は正しいのです。国境問題は、過去の経緯を際限なく出してきて相互に問い詰めていったら、全く埒があかなくなるからです。この世界には、曖昧さに耐える能力が必要なのです。そうでなければ絶えず戦争が起こるでしょう。台湾も、すでに「中華民国」として国旗も国歌も憲法も持つ独立国家としての意識を持ち、独立を宣言する必要など感じていません。

ではいったい、台湾有事はどのような条件で起こるのでしょうか？　また何かが起こったとしても、香港がそうだったように、台湾有事はまず中国の国内問題、と位置付けなくてはなりません。人権問題ではあっても侵略と判断するには、それなりの重大な理由が必要です。米国も日本も、軽々に台湾有事を日本有事にできないはずですし、ましてや中国を攻撃する大義など持てないはずです。そういう状況下で、中国が在日米軍や日本を攻撃するとすれば、どういう理由で、どういう経過で、それが起こるのでしょうか？　それがわかっていれば、丁寧な外交交渉が可能になります。日本の政府は本当にわかっているのでしょうか？

その過程が全く説明されないまま有識者会議では「武器輸出の制約をとり除き、民間企業が防衛分野に積極的に投資する環境をつくることが必要」とか「防衛産業を国力の一環と捉え直す」とか「防衛装備品の輸出拡大」とか、果ては「あらゆる施策を国として一丸となって総動員する仕組みを作るべきだ」などと、国家総動員まで提唱されています。戦争回避のあらゆる努力が考えられているとは到底思えません。それどころか、台湾という他国の有事の可能性を利用して、軍需産業で企業が生き延びようとしているのです。さらにそれらの提案を受けて、今年の10月から施行するという法律案が作られました。「防衛省が調達する装備品等の開発及び生産のための基盤の強化に関する法律案」です。この第29条では、企業等で装備品の調達を図ることができなかった場合、防衛大臣がその製造を行う土地と施設と設備を取得することができる、としています。つまり国による軍需産業に乗り出す、ということです。

国の補助金で軍需産業を進める企業と国家は、それによって得た富を何に使うのでしょうか？企業が潤えば国民が潤う、というトリクルダウンが幻想であったことは明らかです。大企業は内部留保で太り、国民生活では物価上昇が賃金上昇を超え続けています。政府はそれを知りながら、さらに軍事費43兆円を国民に準備させようとしています。この経過を見ると、台湾有事を日本有事であるかのように言いくるめる狙いは、米国と日本による軍需産業の大規模な展開にあるのではないのでしょうか。そうであるなら、日本の政権は故意に外交努力を怠り、何らかの理由をつけて中国を挑発し、衝突が起こるように仕向ける可能性があります。

米国の戦略国際問題研究所（CSIS）のシミュレーションは、2026年のある日、戦争が日米の水上艦と航空基地へのミサイル攻撃から始まる仮定で組み立てられています。航空基地とは、嘉手納、岩国、横田、三沢その他の米軍基地及び、軍用飛行場を兼ねることになる日本の民間飛行場のことです。日本列島全体がミサイル攻撃の対象になる、という意味です。このミサイル攻撃が何を理由に始まるのかは、仮定されていません。満州事変のことを思い出してみると、敵が攻撃してきたように見せかけて戦争を始めていますので、日米側から秘密裏に仕掛ける可能性もあります。その戦争は1カ月続き、勝敗はつかないままこう着状態となり、数年後に第2回が起こるそうです。この時は戦場がアジア太平洋全域に及ぶ、とされています。こうなると戦時が日常になります。今の政権は明らかに「戦時の日常」を望んでいるのです。自民党政権のこの野望を許しておいていいのでしょうか？

戦争している場合ではない

世界中で、気候変動による気象の激化が始まっています。世界が協力して立ち向かわねばならないのは気候変動です。日常が壊れる可能性があり、飢餓や水不足も、さらなるパンデミックも予想されています。日本はそれとともに大震災の可能性を抱えています。戦争している場合ではないのです。これから生まれる子どもたちのために、日本は国外に向かっては、気候変動への一致した対策を呼びかけ、国内に向かっては、少子化を乗り越えるために、大きな財政支出をすべきです。長期にわたる戦時体制は国民生活を追い詰め、日本をさらなる少子化へ導くことになるでしょう。その末路は国の消滅であり、日本人の消滅です。

アメリカと一緒になって軍拡を煽り、軍需産業に貢献し、そのために戦争を始め、やがて今のロシアとウクライナのように、引き返すことができなくなります。その道の始まりのところに、私たちは立っています。しかしまだ今なら、引き返せます。私たちの「戦争反対」を声に出して訴える力だけが、それを可能にします。

こどもたちの未来のために
～軍拡ではなく社会保障・教育費の拡充を

大阪社会保障推進協議会事務局長・一般社団法人シンママ大阪応援団代表理事　寺内順子

コロナ禍・物価高で貧困が拡大

厚労省勤労統計2022年9月～10月確報では実質賃金はこの14年間で28万円の減、一方、企業の内部留保は505兆円超え、この14年間で1・8倍もの増加です。労働者の所得の中央値は1996年から2021年までで100万円下がり440万円に。所得500万円未満の世帯が増え、中間層の貧困化が確実に進んでいます。

全国一斉コロナ電話相談には1万5000件以上の相談が

大阪社会保障推進協議会（大阪社保協）は2020年4月から実施されてきた全国一斉コロナ無料電話相談会に参加してきました。この電話相談会は2カ月に1回開催され、17回目の2022年12月17日を最終回として終結しました。総相談数1万5125件、のべ相談員数は6003人にのぼりました。もともとこの取り組みは2008年のリーマンショック時の派遣村や半貧困ネットワークなどに参加していた法律家メンバーや労働組合メンバーなどが呼びかけたものです。

ほぼ3年間にわたって無料電話相談会が実施されたわけですが、テレビ・新聞というマスコミ媒体での広報と電話相談ということから、相談者が中高年以上、特に70歳以上の高齢者が多かったことが特徴です。

1年目の相談の特徴は、コロナで一斉に仕事を奪われた人たちからの相談が殺到し、特に様々な給付金についての相談が多く、さらにはオンライン申請が中心であったため、中高年以上が情報や申請から取り残された実態なども顕著でした。2年目以降もコロナ対策の給付金がそれなりにあったことや、緊急小口資金・総合支援資金や住居確保給付金の延長等があったことから手続についての相談も多く、さらにワクチンが始まったこと、幾度と繰り返される波の中で医療機関につながらない、食糧支援が欲しいなどの相談も増えました。3年目になると、様々なコロナ給付金や対策が打ち切られ、さらに物価高の影響をもろにうけ、生活困窮を訴える相談が非常に増えていきました。また単身高齢者や高齢の親が引きこもりや発達障害の成人のこどもの面倒をみている、年金があっても、生活保護を利用していても生活苦から逃れられないという相談が増えました。まさに低年金問題と生活保護基準の低さが反映しており、これらの引き上げがなければ根本的な解決はないといえます。

各地のフードバンクには困窮者が殺到

この3年間、全国各地で開催されているフードバンクには開催時間前に長蛇の列ができるほど困窮している人々が殺到しています。大阪でも地域の人たち向け、大学生など若者向けのフードバンクが各地で開催されています。大阪市西淀川区を中心に此花区・淀川区で実施されているフードバンクは2022年に13回開催され、来場者は2195人にも上りました。来場者アンケートによると、6割が男性、4割が女性、年齢層は70歳以上が最も多く、その次に多いのが40歳代。来場者の3分の1が非正規雇用で一番多く、次に年金生活者、無職者と続きます。困っていることは「お金」「食」との答えが圧倒的に多くなっており、まさにコロナの中で収入を失い、食べることができない人たちが地域にあふれているのです。

シングルマザー世帯の想像を絶する困窮

シンママ大阪応援団はもともと大阪社保協が子どもの貧困解決のためには、シングルマザーの貧困解決が不可欠との問題意識で2015年に立ち上げたサイト名です。最初はメールで寄せられる相談に応える、必要であればサポート団体につなげることなどを想定していました。「シンママ」とは若い人たちが使う言葉で「シングルマザー」のことです。

食糧支援（ママたちはスペシャルボックスと呼ぶ）を始めたのは2016年11月からです。あるシンママさんからのメールがきっかけです。

「月末には預金残高が千円以下になるためお米が買えずパスタに塩コショウで一週間過ごします」

シンママさんたちは今どきの女性たちなので、おしゃれです。とても困窮しているように見えません。しかし、実情はお米を買うこともできないのだということに、このメールが来るまで気づきませんでした。

コロナ禍3年間、「三度の食事ができない」「家に食べるものがない」「こどもにご飯を食べさせるために母はご飯を食べていない」などのＳＯＳが殺到し、コロナ前60世帯だった食糧支援先が現在は２００世帯５００人になっています。

シンママさんたちの家の中を見たことがないのでどのように暮らしているのかは見えません。でもその困窮ぶりは想像を絶します。これまでママたちからもらったメッセージの中にあった言葉を紹介します。特に布団関係は２０２１年末から２０２２年春までに、大阪府の災害備蓄品の布団セットやコンロ、ライト、鍋、包丁をたくさんいただき、「欲しい人は連絡してください」とみんなに伝えたときに自分たちがどんな状況なのかをみんなが詳しく書いてきてくれました。

★布団がない

●４人家族だが２人分の布団しかない●夏布団しかなく冬は震えている●赤ちゃん布団を高校生の息子が使っている●高校生の娘と１枚の布団で寝ている●アトピーで掻きむしって血だらけの布団に寝ている

★電化製品

●炊飯器が壊れていて鍋で炊いているがうまく炊けない●拾ってきたコンロで本来は二口だが一口しか使えない●酷暑でもエアコンは使わない（何人もいて中には親子で熱中症になった世帯も）●真冬でも暖房をつけない●冬は家の中でもコートを着ている●冷蔵庫以外の電化製品はすべてコンセントを抜く●家の中に灯りがつくライトが一つしかない

★食

●鍋が一つしかないので料理が作れない●百均で購入した包丁なので切れない●母はご飯を食べない●母の分のご飯はない●給食を何人分も食べてきてもらう●高校になったら給食がなくなるので絶望しかない

★光熱水費

●洗濯物を減らすため夏は、母は家では服を着ない●夏でも1週間か10日は風呂の水を替えない●トイレは1日に一度しか流さない●トイレは3人使うまで流さない

★お金がない

●100円が工面つかずクラブの遠征に行かせられなかった●月末にお金がなく家の中にお金が落ちていないか探し回る●学童保育のおやつ代が払えずやめさせた●電車には乗らない、ひたすら自転車でいく●新しいノートを買ってやれず上のこどもが使っていたノートの空白部分を使っている

★衣服

●下着は1枚しかない●下着の洗い替えがない●こどもの靴が1足しかない●こどもが穴の空いた靴を履いていていて雨の日が大変

国民健康保険料と教育費負担が生活を圧迫する実態

多くのシンママたちは非正規労働者であり、医療保険は国民健康保険加入が多く、子どもの医療費助成制度とひとり親医療費助成制度は医療保険加入が必須なので、食を削ってでも保険料を払っています。たとえば大阪市の場合、所得100万円のシンママ世帯（母40歳代中学生と小学生のこども）の年間保険料は16万4280円で所得の16％も占めています。

さらに子どもが成長するにつれ、教育費が生活費を圧迫します。大阪市発行「奨学金パンフレット～夢と希望への掛橋」によると高校1年生の年間費用は公立で50万円、私立では116万円にもなります。高校授業料は無償化されましたが、授業料（公立全日制だと11万8800円）だけであり、それ以外の費用負担が多額となり、さらに毎日の弁当代や交通費が加わります。

子どもが成長してもママたちの所得が上がるわけではありません。よって、こどもの年齢が上がるにつれて生活が困窮していきます。削れるところが食費しかなく、「母はご飯を食べない」「母のご飯は無い」という実態となるのです。

子を産む女性のみ支援、子が18歳になったら見捨てる

ひとり親を支援する社会保障制度はいくつもあります。こどもの医療費助成制度、ひとり親医療費助成制度、児童手当、児童扶養手当、保育制度、就学援助制度、ひとり親職業訓練給付金、高等学校等就学支援金（高校の授業料免除）、高等教育の就学支援制度（大学等の入学金・授業料免除と給付型奨学金）、生活保護などなど。しかし、児童手当は15歳で、児童扶養手当や医療費助成制度

は子が18歳になると打ち切られます。生活保護も子が18歳になると保護世帯から外されます。実際には大学進学などで最もお金が必要になるのは子が18歳を過ぎてからです。また、子育てをしていない女性を支援する制度は皆無であるのが日本の実態です。

国の税収は過去最高を記録

貧困が広がっている一方で、国の税収は3年連続で過去最高額を更新。2022年度一般会計税収が68兆3500億円と、過去最高だった2021年度実績を上回る見通しであることを11月4日付ロイター通信が報道。コロナ禍の中でもこうした税収増であることが、常に困窮者と向き合っていると信じられない思いです。

最低賃金で働いて暮らすことの困難さ

大阪の最低賃金1023円でフルタイム労働（1日7時間×25日）をしても18万円程度の収入、関西で一番低い和歌山889円では15・5万円程度。働いて自己責任で子育てするには無理がありすぎます。労働者の所得が上がらないもとで、いま必要なのは社会保障の充実、社会保障は所得の再分配機能を持っており、実質賃金を上げることができます。所得の再分配とは、累進課税などにより高額所得者には重く課税し、税による社会保障制度により、貧富の格差を是正する政策です。加えて教育費が貧困を拡大している現状のもとでは、子育て世帯に何よりも必要なのは教育費の無償化です。

軍拡は必ず社会保障費を圧縮する

岸田内閣は「軍事費5年で43兆円」という費用をどこで賄っていくのか、軍拡増税には国民の反発が考えられることから、当面社会保障費から削っていこうとするのは目に見えています。岸田首相は「異次元の少子化対策」というが現時点でも児童手当についてしか議論がされていません。教育にかかる費用の無償化、給付型奨学金の拡充など、きめ細かい施策が必要です。

岸田首相は12月16日、政府の安全保障関連3文書改定を受けての記者会見で「防衛力の抜本的強化の裏付けとなる安定財源は先送りすることなく、今を生きるわれわれの将来世代への責任として対応すべきだ」などといいましたが、将来世代、つまり子どもたちのためにすることはほかにあります。軍事費拡大は必ず貧困を拡大します。ミサイルより、くらし、ケア、そして子どもたちの未来がなによりも大事です。

一般社団法人シンママ大阪応援団

【サイト】https://shinmama-osaka.com/

【メールアドレス】soudan@shinmama-osaka.com

プチ憲法カフェ
～私たちの「平和のうちに生存する権利」を守れ！

弁護士　橋本智子

平和は「主義」じゃない。「権利」だ。

老いも若きも「集団的自衛権はいらない！」と繰り返し叫んだ、2015年の「安保法案」のころ以来、「憲法カフェ」というカジュアルな勉強会で憲法についてわかりやすくお話ししたり、親しみやすく読みやすい憲法の本作りに参加したり、少しでもたくさんの人に憲法のことを知ってもらうための活動を続けてきました。

私たちの憲法の〝目玉〟はなんと言っても9条。とはいえその9条の根っこにある思想の宣言にまで言及されることはあまり多くありません。

その宣言とは、これです。

「われらは、全世界の国民が、ひとしく恐怖と欠乏から免かれ、平和のうちに生存する権利を有することを確認する。」

（前文2項）

『憲法カフェで語ろう　9条・自衛隊・加憲』（あすわか＋柳澤協二、かもがわ出版）

『憲法カフェで語ろう　9条・自衛隊・加害』46ページより　イラスト：大島史子

すごい宣言です。

なにがすごいって、まず日本の憲法なのに、「全世界の国民」の「権利」を宣言しています。それくらいの覚悟をもって、「平和」を実現するのだ、という、国際社会に対する約束なのですね。

その「平和」とは、「恐怖と欠乏から免れ」た状態だといいます。単に戦争がない、ということではありません。人々に「恐怖」と「欠乏」をもたらすものは戦争だけではありませんね。いま私たちが直面している感染症、貧困もそうです。

そのなかでも戦争とは、あらゆる「恐怖」、あらゆる「欠乏」をもたらす最たるものですから、これだけは絶対に禁止だ！　もうこりごりだ!!というのが9条というわけです。

そして、その「平和」な状態で生きることが、「権利」であるという宣言。

学校では、「平和主義」って覚えさせられますね。

日本国憲法の「三大原理」のうちのひとつ、と。でも、「平和主義」なんて言葉は日本国憲法のどこにも出てきません。「権利」だと、憲法は言っています。「主義」だとか「原理」だとかいうのは、単なるポリシーです。そんなお題目みたいなものじゃない、はっきり、「権利」だと、日本国憲法は宣言しているのです。

「権利」ということはつまり、政府には、それに応える「義務」がある、ということです。私たち市民に「権利」があるということは、国家権力にはそれを守り、実現する「義務」があるということです。よくいわれる「権利と義務とはセット」ということの法的な意味は、こういうことですよ（決して、国民が国家に対して何らかの「義務」を負う反面として「権利」が与えられる、という意味ではありません！）

その義務を、私たちの政府は、これまでだって充分に果たしてはきませんでした。それどころか、いよいよ、そんな義務など知らないとばかりに「軍拡」を言い出すに至ったわけです。

私は、猛烈に、怒っています。

『イマドキ家族のリアルと未来～9条の陰でねらわれる24条』（あすわか＋前川喜平、かもがわ出版）

憲法24条を守れ！

弁護士になってからずっと、オンナコドモの幸せを守るための仕事をしてきました。司法や弁護士の力の限界に直面しては落ち込むことばっかりだけど、私なりにがんばってきました。これからも、がんばります。

「女子供」とは、成人（かつ健常）男性が一人前の人格と扱われる社会で、それ以外の者たちを貶め、排除し、口を封じるために使われてきた言葉です。

弁護士の仕事は「基本的人権を擁護し、社会正義を実現する」こととされています（弁護士法1条1項）が、ここで当然のように観念されてきた「人権」とは、語弊を恐れずに言えば、「権力と闘う男たち」のもの、あるいは「働く男たち」のもの。「人権」も「正義」も、いうならばとてもマッチョなものと捉えられてきたように思われてなりません。それらの男たちが家庭に帰ったとき、彼らに支配される「オンナコドモ」たちの「人権」が、明確に意識されることはほぼなかったといっていいのではないか。

いまだに、社会の中の「マイノリティ」としての女性たちの権利だとか、家庭の中の女性と子どもの権利を守るため懸命にがんばる（多くは女性の）弁護士たちを見る、「人権派」弁護士たちの目線も、冷ややかなものです。

現実に、この社会では、まだまだ、女性の賃金や待遇が低く抑えられています。セクハラという女性差別・女性排除も、あたりまえのように横行しています。夫に扶養される女性を税や社会保障において優遇するという政策が完全に定着しています。こうして、女性を社会から排除して家庭に、つまり男性の「庇護」下に押し込めようとする力が、この社会では、まだまだ強く働いています。

その結果、夫に扶養されないで子どもを育てる女性たちの多くが、この本の随所で語られているとおり、声を上げたくても、その力すら奪われるほどの窮状に追い込まれています。

『イマドキ家族のリアルと未来』65ページより　イラスト：大島史子

こんなひどい「欠乏」に苦しむオンナコドモたちのいる社会は、「平和」ではありません。

しかも、このオンナコドモたちの多くは、家庭の中で有形無形の「暴力」によって支配される「恐怖」から逃れてきた人たちです。その「恐怖」から逃れた先に、待ち受けているのは「欠乏」の苦しみだなんて、あんまりではありませんか！

日本国憲法には、24条という大切な大切な規定があります。かつての家父長制による男性支配から女性を解放し、女性たちの、そしてあらゆる「弱い」立場に置かれる者たちの「個人の尊厳」を守れと、国家に命ずるものです。

男性による支配を認める社会においては、その手段としての暴力の行使（つまりDV）を当然に容認します。男性による支配に抗うオンナコドモを「暴力」によって押さえつけることが許される社会です。支配される者たちの「個人の尊厳」が平然と踏みにじられる社会です。

そのような支配を許さない、私的な関係における「暴力」

を否定するというのが24条の宣言。これと、国家による「暴力」を否定する9条とが車の両輪となって、私たちの「平和のうちに生存する権利」を守れと、政府に命じているのです。

いうまでもなくそれは、「防衛費」という名の軍事費では守れません。

そのお金は、オンナコドモたちに直接給付してください。「恐怖」におびえて暮らす彼女ら彼らが安全で安心な生活が送れるよう、「恐怖」から逃れた彼女ら彼らが「欠乏」に苦しむことがないよう、私たちの税金は使ってください。憲法24条を守れ！

「防衛費」で日本の何が守れるのか

そもそも、日本は南北に細長い島国で海岸線がひたすら長く、内陸部は山だらけ。食糧自給率が低くて、天然資源にも乏しい、この日本という国が置かれた地理的・物理的な状況は、大日本帝国の時代から変わっていません。加えて、今や、その長い長い海岸線に沿って、原発という超危険な施設が林立している。首都機能も東京に一極集中。

こんな条件下にある国を潰そうという「敵国」が、もしいたとしたら、東京にミサイル一発…なんてことすら、必要ありませんね。そんなぶっそうでお金のかかることなんかするまでもなく、自分たちの国が日本に食料を輸出しているならばこれを止めてしまえばいい。あるいは、日本の他の貿易相手国に働きかけて、食料を日本に輸出させないよう交渉する？　とまれこんな〝兵糧攻め〟が一番簡単そうです。原発に〝工作員〟を1人送り込んで電源喪失させるという手も考えられますね。

いずれにしても「敵国」からすれば、お金もそれほどかからず、人的被害もほぼないかたちで、簡単に日本を〝攻撃〟することができます。これが、日本という国の置かれた「現実」です。「攻められたらどうする」なんて、悠長なことを議論している立場じゃないんです。「攻められたらオシマイ」なんです。これが「現実」です。

かつて大日本帝国が植民地政策を押し進め、あげくあの無謀きわまりない戦争を起こしたのも、結局のところこのように圧倒的に不利な地理的・物理的条件を克服することが、大きな目的だったわけです。

でも、日本は無残な敗戦によって、そんなやり方では日本を守れないということを、文字通り身をもって思い知りました。

だから、日本国憲法が、「平和を愛する諸国民の公正と信義に信頼して、われらの安全と生存を保持しようと決意した。」(前文2項)というのは、決して、よくいわれるような「他力本願」であるとか、「脳内お花畑な楽観主義」なんかではないのです。日本という国は、外国との信頼関係を築き、良好な関係を維持することによってしか、安全を守ることはできない。この国の置かれた、あまりにもシビアな「現実」を踏まえた、きわめて「現実的」な、悲鳴ともいうべき宣言にほかなりません。

「軍拡」とはすなわち、諸外国との緊張を高め、日本という国を危険にさらし、私たちの「平和のうちに生存する権利」を根底から脅かす暴挙です。決して許してはなりません。

心満たされた笑う大人の姿を子どもたちに見せてあげたい

シンママ大阪応援団　濱田恵美

子どもの言葉

私には8歳の娘がいます。毎晩寝る前には絵本を読んだり、その日の出来事をお話したりしながら眠りにつきます。ある日の夜、娘が言いました。「ママ、日本は戦争しない国って言ったよね？戦争する国になるの？　世界には戦争しない国があるよね？　ママ、そこへ避難しよう。犬は？飛行機に乗せられるの？　ハムスターは？　私、調べるわ」。急にどうしたのかなと思いました。

一昨年の七夕の短冊には「コロナが終りますように」と書いていました。

昨年の短冊には「ウクライナとロシアの戦争が早く終わりますように」と書いていました。聞いてみると、学校で戦争の話を聞いたようです。また、ユーチューブやティックトックで戦争の動画を見ていたようです。特に岸田総理が防衛費増額という言葉を口にした時、多くの動画が流れたようです。まだ小さな娘、1人での留守番や、1人で寝ることを練習していたのに、怖い怖いとできなくなりました。登下校も1人では不安と言うようになりました。ザリガニの水槽の前で、「ごめんね、ごめんね、ザリガニはきっと一緒に避難できないよ。だって水槽は重すぎて持てないから」。私は胸が痛くなりました。

「どうして戦争っておこるの？　武器なんか全部捨ててしまえばいいのに。戦争って人殺しや。きっと欲張りやから、欲張りやから戦争するねん。友達を大事にしようって習ったのになぁ。欲張りせんと助け合おうって保育園の時に先生が言ってたよ。私は世界中の人と友達になりたい」

「危険生物の図鑑に人がない、でも人は危険生物や。絶滅した動物は人のせいが多いんやで。そして人殺しもする。人が人を絶滅動物にするかもしれへん」

先日は乳牛を処分すれば1頭当たり15万円の助成金を出すというニュースを見て青ざめた顔をしていました。「どうして殺したらお金もらえるの？　殺すのは一瞬やけど、また育てないといけなくなったらゲームみたいにすぐには育たへん。大人になるまで時間がかかるのに」。その通りだと思います。そのお金で買い上げるとか別の方法はないのでしょうか？

まだ小さい子どもが、こんなに不安を抱える世の中なのだなと感じています。

祖父の言葉

私は、もちろん戦争を経験したことはありません。第2次世界大戦のことは、学校で習ったり、映画を見たり、本を読んだり、祖父の話を聞いたり、そのくらいです。何が本当なのか嘘なのかも正しいことはわかりません。

祖父は予備学生として飛行訓練を受けていたと聞いています。「あの時は命がけだった、それが常識だった、でも異常だった。二度と繰り返しちゃいけない」と何度も何度も話してくれました。戦争の話をする祖父は、表情がこわばり、声が変わり、別人のようになりました。祖父の母には、小さいころに一度だけ会ったことを記憶していますが、恐ろしい姿だったことを記憶しています。被曝しての影響だと聞きました。もしも、もしも第2次世界大戦が少しでも長引いていたら、母の存在はなく、私の存在もありません。

自衛官を経験した息子の話から

息子の一人は自衛官でした。数年間だけの任務でしたが一度だけ地震災害時に派遣され、避難所での給水活動の任務に就きました。

派遣時、隊員家族宛てに総監より手紙が届きました。読んだ時胸がギュッとなりました。状況は全く違いますが、祖父から聞いた戦時中の手紙と被ってしまったようです。派遣終了後の息子からの連絡では、被災者を目の当たりにした話を聞きました。水のありがたさ、食べ物のありがたさ、つながりの大切さ。でも、「自分にできたことは水を配ることだけ。感謝されたけれど、自分も食べるものが満足にない中で、多くの文句も言われた。〃人〃と〃モノ〃が足りない」と話していました。

自衛隊は国民を守るために立派な仕事をされていると思います。でも、いくら訓練しても派遣されたとしても〃モノ〃も必要です。自衛隊に入隊してすぐに話してきたのは生活必需品の話でした。今の日本に日本人が生きていくための万が一の際の〃モノ〃がどれだけあるのでしょうか。日本の国だけで食べ物や水やエネルギーを賄えるのでしょうか。日本の食料自給率は限りなくゼロに近いと聞いたことがあります。大変なことだと思います。

防衛費は必要だと考えます。でも、何に使うのか、バランスが大事だと思います。輸入に頼らなくても日本国内だけで生活ができること。それも防衛だと思います。

誰が誰を何から何のために防衛するのか。国には、いろいろな今の現状を知り、大切な国のお金を何に使うべきなのか考えて欲しいと思います。

これが現状　今の私の暮らし

4人の子どもがいますが、3人は社会人となり、今は8歳の娘と2人で暮らしています。

コロナ前は、大阪府外への通勤で、朝7時に子どもを保育園に預け、お迎えも閉園ぎりぎりという状況でした。

コロナ禍となり、感染者の多い大阪からの通勤で、職場内外から「ウイルスを運んでないやろな」等言われ、また、満員電車を避けるために時間差通勤を言われましたが、保育園の関係で時間を前にも後にもずらすことができず、やむなく退職となりました。

退職後、近所でのパートと、失業給付を受けながら正社員の求職をしていましたが、娘が小学生となり働ける時間が短くなってしまったことも重なり、正社員での職は得られませんでした。失業給付の終了後は、学資保険を解約し生活費に充てました。

現在も時間給のパート職員として働きながら子育てしています。

子どものことを考えると、働ける時間は月曜日から金曜日までの週に5日間で1日7時間です。病気やケガ、学校行事などで休むことなく、一番多く働ける月でも手取り収入は16万円ぐらいです。この額が最高の額です。

上の子どもに下の子どもを見てもらい、平日日中の仕事に加え、深夜のアルバイトと、週末のみのパートでトリプルワークをしていた時期もあります。

隙間時間を見つけては、今後の収入アップにと資格取得のために勉強をしたりもしました。働いた分、少しだけ収入は増えます。でも体はボロボロでした。

コロナ禍となったときに高校生だった3番目の息子は、進学をあきらめました。理由は、お金がかかるからとのことでした。授業料の無償化制度ができましたが、学校では、授業料以外の費用も高額です。

私は、子どもの前ではお金の心配をできる限り見せないようにしているつもりです。大人になることを楽しみにしてもらいたいからです。

「安心していいよ」と話してきました。子どもたちの前では嘘でも笑顔でいるように心がけました。でも、私の頭の中は不安でいっぱいでした。来月はこの家に住めるだろうか、明日はお腹を満たせてあげれるだろうか、学校で必要なものを用意することができるだろうか、その前に、私は明日は生きているだろうかと。

隠してはいたつもりですが、子どもには本当の生活を気付かれていたのかもしれません。ぽろっと息子の口から出てきたのは、「これから食べるためだけに働く毎日やな」という言葉でした。せつなくなりました。

今現在、息子は一生懸命に働いていますが、毎月のお給料から家賃や光熱費、食費は自炊してギリギリだと話します。自分の欲しい物を買うために、自ら残業や休日出勤を申し出ているそうです。

会社の先輩と話すことがあると、やっぱり生活が苦しい話になるそうで、そのために未来が描けず、自分の結婚や子どもをもつということも考えられないようです。

一生懸命に頑張ってきたつもりですが、貧困の連鎖を感じました。個人で頑張るには限界です。寒い冬も、光熱費節約のため、暖房は使えません。調味料が高いので、毎日のおかずは基本お味噌汁のみです。移動手段は、自転車です。

息子たちから、「くれぐれも病気せんといて、自分のことで精一杯で助けられへんから」と言われます。でも寝る間を惜しんででも働かなければ生活ができません。

国に願うこと

私の子どもたちは、あまり笑わず子どもらしさはありませんでした。でも、子どもには姿を見せることだなと気づきました。私が楽しそうに過ごすことで、子どもたちはどんどん子どもらしくなっていったからです。子どもは想像以上に大人を見ています。

今、毎日を満足に過ごせず、楽しそうな大人が減っています。気持ちに余裕がないから笑えない、そんな大人をみて子どもたちは良い未来を描けないと思います。また、子どもが何か求めることがあっても、親に頼れず、誰に助けを求めていいのかもわからずで、犯罪に至ることも多いと感じます。

国に対して言いたいです。国民の生活の実情を知ってください。日々の生活に苦しんでいない人もいると思います。でも苦しんでいる人のほうが多くいると思います。コロナ禍となって貧困が大きくなりました。さらに今の物価高騰が追い打ちをかけています。暮らしは限界を超えています。

いつ起こるかわからない備えとして、軍事力強化のための防衛費を上げることは、今この瞬間の苦しむ国民よりも大切なことなのでしょうか。このままいくと、もしもの防衛が必要にならないとしても、日本の未来が危ないと思います。なぜなら、希望を持つ子どもが減っているからです。これからの日本を担う子どもたちが見ているのは今の大人です。仕事をしても良くならない暮らしに苦しんでいる大人を見ています。不安ばかりで、やる気が湧いてこない子どもたちが増えています。明日のわからない国に希望を持てる子どもがどんどん減り、崩壊しそうで怖いです。

将来の日本のためには、日々の生活を良くし、教育費の充実や老後の安心があり、また、差別や区別することなく、心満たされて笑う大人を増やすことだと思います。子どもたちに、そんな大人の姿を見せてあげたいです。争いは争いを生みます。軍事力強化もまた争いを生みます。誰もが平和を望んでいると思います。そこへお金を使って下さい。お願いします。

女たちは軍拡に反対する

許すな！憲法改悪・市民連絡会事務局長　菱山南帆子

権力者が行うことは今も昔も変わらない

今ほど歴史を振り返らなければならないと思うことはありません。

上がらない賃金に物価高、消費税増税、年金カットに医療費値上げ、そこで巻き上げたお金が軍事費につぎ込まれていくことを私たちの意見も聞かないで、国会でも議論もせず、決めています。一体何のため、誰のための国会なのでしょうか。通常国会が開かれましたが、岸田首相は質問に答えません。答えないからニュースにもならない。

こんなことが繰り返されていくうちに市民は「怒る」機会を逃し、諦めの境地に立たされてしまうのではないかと非常に危機感を募らせています。その上、戦争に向かっているのにも関わらず、頼みの綱であるメディアはだんまりを決め込み、市民は気づかないうちに戦争への道に立たされてしまうといった事態になっています。戦争ができる国にするために権力者が行うことは今も昔も変わりません。

銃後の女になりたくない

では私たちはどうしたらよいのでしょうか。戦前に起きた弾圧事件など、どのような過程で戦争国家へと変貌を遂げてしまったのか、もう一度学び直すことが大事だと思います。歴史は繰り返すものではなく、未来を守るものでなくてはなりません。こんなにも技術が発達して便利な世の中になっているのにも関わらず、なぜ、人殺しにしか使用用途の無い武器や戦闘機を買うのでしょうか。こんなにも少子化で子どもが少ないと言っているのにも関わらず、なぜ若者の未来が奪われるような戦争をしたがるのでしょうか。こんなにもジェンダー平等が叫ばれる時代になぜ家父長制を助長させるような戦争をしようとしているのでしょうか。

戦後、長い時間をかけて私たちは、戦争に、基地に、改憲に、差別に、貧困に対して闘って一歩ずつ権利を獲得してきました。日本が、大軍拡に向かい「戦争する国」になるということは、そのような私たちの血のにじむような闘いの歴史が一気に振り出しに戻ってしまうことを意味しています。それで本当にいいのでしょうか？

私は銃後の女になりたくありません。断固拒否します。歴史を振り返ってみると、女たちの運動が盛り上がり始めた時に戦争の足音がひたひたと近づき、女性運動家に対して「女性参政権」実現の引き換えに戦争への協力を強いてきました。生きるために、参政権獲得のために当時の女性運動家たちはどれだけ悔しい思いをしながら銃後の女として敗戦までじっと耐えてきたのでしょうか。想像とすると涙が出ます。しかし、私はそんなことはもう繰り返したくありません。当時の女性運動家も未来の若者たちに同じ目に遭ってほしいなんて絶対に思っていないと思います。

キーワードは「連帯・団結」

今、戦前と同じような状況に立たされているということを私たちはもっと自覚して、自分の周りにいる家族や友達やパートナーに遠慮せず、どんどん話をしていくことが大事だと思います。危機が目の前まで迫っているのにそれに目をつぶって闘わず昨日と同じ暮らしをするのはその時は楽かもしれません。しかし、長い目で見たら破滅への道を歩んでいるのです。1人で声を上げるのはとても勇気がいるので、昨日と同じ暮らしを選んでしまいたくなりますが、大勢ならば闘ってみようという気持ちに絶対になります。「連帯・団結」というと堅苦しく怖いもの聞こえるでしょうか？　しかし私は今こそこの言葉が輝くキーワードだと思います。銃後を拒否する女や男がつながってがっちり手を組めば必ず事態は好転します。そのようなつながりを戦争したがる人たちは嫌がります。だから時間をかけて競争社会、デジタル合理化の中で人々のつながりをバラバラにし、「自己責任」と仲間を切り捨て、それを正当化するために闘う人を嘲笑し、本来つながらなければならない私たちはいがみ合わされ、寛容性のない社会が作り上げられてきました。

私たちはあきらめない

その逆をやってみませんか？　競わない、人間を大事にする、おかしなことに声を上げる。それだけで、戦争はなくなり、環境破壊も食い止めることができます。進歩するということは過ちを繰り返さないことです。これからの子どもたちに「昔はよかった」なんて言いたくないし、言わせたくありません。昔より、今の方が良いに決まっているし、今よりもこれからの方がずっといいと思うような社会じゃなければあまりにもこれからを生きる若者が可哀想です。

大人の責任として、戦争に向かう道はなんとしてでも塞ぎましょう。そして、命と暮らし、環境を第一に考えた社会への転換を示していきたい。私は強くそう思っていますし、思っているだけではなく実践します。

私たちはあきらめない。

全ての子どもたちが平等に扱われる社会を

大阪府公立中学校教員・子どもと教科書大阪ネット21事務局長　平井美津子

教育を受ける権利が侵害されている朝鮮学校の子どもたち

朝鮮学校の授業料無償化を求める街頭署名活動に協力してくれている日本人が言った。「ぼくは街頭で日本人がかける『頑張ってね』の意味が分からない。君たちは十分頑張っている。これ以上、どう頑張れというのか。僕にはその言葉が無責任に聞こえてならない」

「頑張ってね」は、私たちを勇気づけてくれるはずの言葉。聞く度にうれしくてありがたいのに、どこか悲しく悔しい自分がいた。「頑張れ」について説明されて、悔しさが増した。

でも、私は頑張るしかないんだと思う。伝わらないのなら伝わるまで、届いていないのなら届くまで、声を上げ続けるしかないんだと。私の下の世代、次の世代がよりよい環境で学ぶためにも。「朝鮮に帰れ」と道端で罵声を浴び、どうせ変わらないと諦めたら、全てが終わる。日本人と朝鮮人が手を取り合い、尊重しあえる温かい社会。そんな日が必ずくることをと信じて、私はこれからも頑張り続けたい（朝日新聞２０２０年5月23日、大阪本社版「声」欄）。

これは、神戸朝鮮高級学校の3年生（当時）の生徒の新聞への投書です。２０１０年4月に施行された「高校無償化法」は、公立高校か私立高校かを問わず、全日制、定時制、通信制、中等教育学校の後期課程、特別支援学校、高等専門学校だけでなく、各種学校認可を持った外国人学校も対象になりました。

ところが、拉致やミサイル問題などを理由に朝鮮高級学校だけがここから排除されたのです。朝鮮学校とは戦後、在日コリアンによって自主的に設立された民族教育を主軸とした学校です。朝鮮学校に対しては、「反日教育を行っているのではないか」「北朝鮮の支配下にあるのではないか」などという誤解がありますが、200校以上あるその他の外国人学校と同様に民族の歴史や文化を学び、一般的学校で行っている教育をしています。他の外国人学校には適用されている無償化が朝鮮学校には適用されていないのです。

またコロナ禍において、さいたま市では朝鮮幼稚園にだけマスクが支給されなかった問題（市民の抗議で後に配布された）や、「学生支援緊急給付金」が朝鮮大学校の学生は除外されるといった問題が起きました。同じ日本に暮らす子どもたちの中で、朝鮮学校に通う子どもたちだけが国の保護から排除されたことは、法の下の平等や教育を受ける権利、幸福追求権を保障した日本国憲法に反することです。また、このことは朝鮮学校への偏見や差別を助長するものに他なりません。そこで、2012年から愛知・大阪・九州・東京・広島の朝鮮高級学校の生徒らが原告となって高校無償化裁判が行われました。しかし、2021年すべての裁判で原告が敗訴となりました。

この投書をした生徒たちは日本社会にこの理不尽を訴えようと街頭に立ち署名を集めていたのです。

ヘイトスピーチが蔓延する日本

2016年ヘイトスピーチを許さないための「ヘイトスピーチ解消法」が成立しました。しかし、現実には罰則規定もないため、いまだに各地でヘイトスピーチやネット上での匿名によるヘイト投稿が後を絶ちません。神奈川県川崎市や東京都新宿区大久保、大阪市生野区鶴橋といった在日が多く居住する地域を狙ってのヘイトデモ。ネット上において、匿名を隠れ蓑にしてのヘイト投稿が悪質さを増しています。特に慰安婦や徴用工問題など日韓の問題に関して、「反日」という言葉が飛び交い、在日が絡む投稿には「日本から出ていけ」「死ね」などという言葉が洪水のように溢れています。

そして、エスカレートとしていく中で起きた事件が、2009年の京都朝鮮学校襲撃事件や2022年のウトロ放火事件、大阪府茨木市の「コリア国際学園」放火事件などのヘイトクライムでした。

なぜそんなことが起きるのでしょう。

それは明らかに、日本政府がそういったことを助長するような政策をとってきたことが原因なのです。

その最たる例が前述した高校無償化からの朝鮮学校の排除です。日本政府として、朝鮮学校や朝鮮学校に通う生徒は保護しないと宣言しているのです。政府の対応が社会にもたらした影響は、排除される朝鮮学校のほうに問題があるという認識を広めたことです。そして、政府が認められないようなおかしな学校運営をしている朝鮮学校という偏見を植え付けていきました。政府が「朝鮮学校や在日に対して差別をしてもいい」とお墨付きを与えているのも同然です。

朝鮮学校の生徒たちの女子の制服はチマ・チョゴリですが、現在この制服で登校している生徒はほとんどいません。それは、チマ・チョゴリを着ていると危険が及ぶ恐れがあるからです。2002年金正日氏が日本人拉致を認めた時や、その後の共和国のミサイル発射などが報道されるたびに、在日コリアンに対するヘイトクライムが相次いで起きているのです。

日本政府はこういった問題に関して、本来ならばすぐさま「差別は許されない」という明確な発信をすべきですが、何もしていません。こういった政府の態度こそが、ヘイトスピーチを助長していると言えるでしょう。政府のこういった姿勢こそが、危険な隣国に対抗するには武力しかないという考えを社会に植え付けていくことにつながっています。

隣国の人びととの理解をはかる教育こそ

今、中学生たちが使用する歴史教科書には拉致問題が写真入りで掲載され、「人権や主権を無視して多数の日本人を拉致したことが明らかになった北朝鮮との関係は、難しい問題です」(東京書籍)などと記述されています。公民教科書では領土問題が詳細に取り上げられ、日本の近隣の国々(朝鮮民主主義人民共和国や中華人民共和国、大韓民国、ロシア)に関しては、敵対心を煽るかのような記述になっています。これらは、文部科学省の学習指導要領に基づいて書かれているのです。

国家が戦争に向かうとき、必ず教育が変質していきます。戦前の日本の教科書には、中国などの近隣諸国を日本より劣った国として描き、授業では日本が中国を侵略した戦争を聖戦と教えました。小国民として国家に尽くす人間になる教育を受けた男子生徒は、戦場で兵士としてアジアの多くの人びとを殺したり、戦死したり、PTSD（心的外傷後ストレス障害）になった人もいます。一方、国内に残った人々は空襲に遭い、親や肉親を亡くし、孤児になった人もたくさん出ました。

第2次世界大戦における死者数は全世界で5000万人を超えるとされ、軍人より民間人が多かったのです。軍人と民間人を合わせると日本310万人、ソ連1800万人、ドイツ428万人、中国は軍人だけで131万人、民間人は不明と、今の中学生が使う教科書には書かれています。これは単なる数字ではありません。そこには一人ひとりの人生があり、本来なら夢や希望を持って生きられるはずだったのです。戦争は国家による殺人です。

だからこそ今、教育で必要なことは、過去に日本が起こした侵略戦争の事実を見つめ、そこから学ぶことです。日米の開戦は真珠湾攻撃から始まりましたが、その理由を「自存自衛」であり、アメリカから日本を守るためと当時の日本政府は主張しました。これはまさしく、現在の岸田政権が言う「敵基地攻撃」です。「敵基地攻撃」をした結果はどうなったでしょう？　歴史が明らかにしてくれています。

戦後、日本はこの戦争への痛苦の想いと悔恨から二度と戦争はしないと憲法9条を作りました。そこには、「一、日本国民は、正義と秩序を基調とする国際平和を誠実に希求し、国権の発動たる戦争と、武力による威嚇又は武力の行使は、国際紛争を解決する手段としては、永久にこれを放棄する。二、前項の目的を達するため、陸海空軍その他の戦力は、これを保持しない。国の交戦権は、これを認めない」とあります。

隣国を敵対視して、自衛力増強で解決しようという道は平和憲法を踏みにじることです。教科書に隣国への敵対心を抱かせるような記述をするよりも、いかにしたら隣国との関係を安定した平和なものにできるのか、そんな学びを深めることができる記述こそが必要ではないでしょうか。せっかく作られたヘイトスピーチ規制法を学校教育の中でこそ生かし、人と人とが互いの違いを認め合い、差別を許さない科学的認識をもって、国を超えてつながり合える社会にしなければなりません。

武力ではなく友好関係を

政府が本腰を入れなければならないことは、アメリカから高額で無駄な兵器を爆買いすることではありません。日本政府は、「憲法上保持し得る自衛力は、自衛のための必要最小限度のもの」と位置付けてきました。しかし、岸田政権はこれからの5年間で43兆円もの税金を使って、他国を攻撃できる能力を持つミサイルを爆買いしようとし、石垣島などの南西諸島にも続々と自衛隊の配備を強化しています。専守防衛をかなぐり捨て、日本を再び戦争国家へと向かわせようとしているのです。

戦争へと突き進む国に未来はありますか？　私の教え子は、「日本が軍事強化していくことで、戦争に近づいている気がする。自分の産んだ子がそんな戦争で死ぬのはいやだ。産まなければよかったと思うような社会になってほしくない」と言いました。

自分が産んだ子が戦争に行くかもしれない、戦場で死ぬかもしれない、戦争に行って他国の人を殺すかもしれない、自分たちが住んでいる場所が戦場になるかもしれない。そんな不安を抱かせる国で、子どもを持とうと誰が思うでしょう。

現在行われているウクライナ戦争では、ウクライナ軍の兵士の死者が1万人から1万3千人、ロシア兵の死者は少ない推定でも2万2千人以上と言われています。これは他人事ではないのです。もし日本が戦場になれば、逃げるところはどこにもありません。シェルターを作っても無駄です。戦争へと突き進むのではなく、対話を引き出し、戦争を避ける外交努力こそ政府が最もやるべきことです。

防衛費の増強のために使うお金は、どうぞ子どもたちのために使ってください。戦争をして子どもたちを地獄に突き落とすのではなく、まずは高校無償化から除外されている朝鮮学校の子どもたちを他の学校に通う子どもたちと平等に扱ってください。同じ国に住んでいるのに、政府の思惑で差別され疎外されている子どもたちがいるという理不尽をなくさなければと、切に願います。

すべての子どもたち、すべての人々の命が守られ、安心して生きていける社会を作るためにも、この理不尽に黙らずに声を上げましょう。

「#軍拡より生活」で連帯していきましょう!

公益社団法人日本女医会　会長　前田佳子

私は怒っている
国民の声を聞かない政治に怒っている
いつからなのか、気がついたらおかしいことばかり
私たちの意見はそっちのけで突き進む政治
黙っていてはダメ
おかしいことはおかしいと声をあげよう

憲法の解釈変更は改憲と同じ

岸田政権は、2022年12月16日に「国家安全保障戦略」など安全保障関連3文書を改定し、閣議決定しました。「国家安全保障戦略」は2013年に安倍政権によって策定されてから初の改定で、「反撃能力」の保有が明記されたことで大きな転換がはかられました。加えて、2023年度から5年間の防衛費総額を43兆円程度とすることも閣議決定しました。これは現行5年間の予算の1・6倍に当たります。この大軍拡は憲法9条に違反しており、もはや安倍さんが目指していた改憲と

何ら変わらないのではないでしょうか。今や改憲をしなくても解釈の変更で改憲したのと変わらない状態になってしまうということです。5年で43兆円という金額も問題です。いまだに金額が出てこない少子化対策ですが、出産費用、18歳までの医療費窓口負担および大学の授業料の無償化でも4兆円程度ですから、防衛費の増額より安くて有益です。国の1年の予算のお財布は一つしかないので、防衛費増額となれば他の予算を減らさなければなりません。私たちに大切な医療費が含まれる社会保障費や、教育費なども減らされる可能性が高いわけです。少子化を放置して軍拡に突き進む、こんな政策を許してはいけません。今大切なのは「#軍拡より生活」です。

大きいジェンダーギャップ

世界経済フォーラムは、男女格差の無い社会がより社会を発展させるとの認識から、男女格差（ジェンダーギャップ）の解消を目指して、（1）男女格差を測定する指標を設定し、（2）それぞれの格差示す数値を出してこれを基に、（3）国別に順位をつける方式を開発しました。評価分野は政治、経済、教育、健康で、2006年以降、「ジェンダーギャップ指数（GGGI）」として毎年その数値を公表しています。日本は集計が始まった2006年は115カ国中80位でしたが、その順位は年々低下してきており、特に政治と経済の分野で順位が低いことが問題となっています。つまり女性の声が政治に反映されにくい環境が常態化しているということです。2022年7月に発表された日本のGGGIは146カ国中116位とG7で最下位、東アジア・太平洋地域でも最下位と深刻な状況です。これは日本が努力していないということではなく、諸外国のジェンダーギャップ解消のための努力がより上回っているからです。ジェンダーギャップが大きく女性の声が反映されにくい日本の社会において、私たちが諦めずに声を上げ続けることが求められています。

今こそ発会の原点に立ち返り

私が会長を務める日本女医会は1902年に前田園子（公許女性医師第12号）らによって設立され、2022年4月に創立120周年を迎えました。発会の趣意は「学術上、処世上の知識交換のほか、互いに気脈を通じることによって社会における女性の地位向上をはかるとともに、その中枢団体として全国の女医を集結させて、国家邁進の一翼を担う」とされており、既に120年前に女性のエンパワーメントを目指していたことが分かります。1885年に荻野吟子が女性で初めて医師国家資格を取得（公許女性医師第1号）してから135年が経過した2020年の日本の女性医師数は7万1758人（21・9％）と初めて7万人を超え、29歳以下では35・9％と年齢が低いほどその割合が高くなっています。それにもかかわらず、OECD（経済協力開発機構）加盟34カ国における日本の女性医師比率は最下位で、世界からは大きく遅れをとっています。日本女医会は今こそ発会の原点に立ち返り、社会的に弱い立場である女性、子ども、性的マイノリティ、そして障がいを持っている人、生きづらさを抱える人たちなどに手を差し伸べ、異次元のスピードでジェンダー平等を推進します。

おかしいことに目を瞑らない

最近は怒りをあらわにすることが敬遠されるそうです。声を上げることも憚られると言います。しかしそんな時代だからこそ、おかしいことに目を瞑ることなく、思いっきり怒りを感じてパワーに変え、社会を変えるために、ジェンダーの視点を政治に反映させなければなりません。諦めずに自分の声を上げることから始めましょう。

「平和を求め軍拡を許さない女たちの会」は今後も次の2点を強く求めていきます。

1. 軍事費GDP比2%を撤回すること
2. 歯止めなき軍拡を押し進めることをやめ、女性や子ども、若者や社会的弱者の目線に立った政策を進めること

さあ皆さんも「軍拡より生活」で連帯していきましょう！

履歴書に「想い」が伴わない軽薄さ

広島在住フリーランス記者　宮崎園子

言葉が圧倒的に軽い

「社会が変わってしまう」。岸田文雄首相のそんな言葉が「炎上」しました。LGBTQなどの性的少数者をめぐる法整備の必要性について国会で問われた際に返した答弁です。「すべての国民にとって、家族観や価値観、社会が変わってしまう課題だ」というもので、官僚が準備した文案ではなく、なんと自らの言葉で語った言葉だというのです。

ロスジェネ世代ど真ん中のわたしが過ごしてきた「失われた30年」の背景や、女として、母としての生きにくさの理由が鮮やかな形で見えて、むしろ清々しいくらいの「伏線回収」でした。なるほど、こういう認識の人が30年も国会議員のバッジをつけているような国だから、いまだに、社会がアップデートされないんだ――、政治家や企業経営者が男性ばかりだし、どちらかが姓を変えないと法律婚ができないし、子育てしながら働きづらいんだ、と。

そこから振り返って不思議なのは、社会の変化に後ろ向きの岸田首相が、平和国家としての日本のありようを根こそぎ変えてしまうような決定を、国会での議論もきちんとせずに閣議決定というかたちでさっさとしてしまったことです。子育てや福祉、教育といった、わたしたちの日々の暮らしに直結する課題については「検討する」ばかりなのに、国の形を変えるような決定を拙速にしてしまうとはどういうことなのでしょうか。

社会を勝手に変えてしまった後で、「社会が変わってしまう」とは。

安全保障も、彼の言葉を借りるならば、「国民すべてが大きな関わりを持つことになる」問題です。なのに、それとこれとの姿勢がまるで真逆なのはどういうことなのでしょうか。言葉が圧倒的に軽い。そう感じるのはわたしだけではないと思います。

広島を「印籠」のように扱う

「言葉は政治家の命」と言われます。彼の政治家としての地盤である広島1区で、足元の「平和」とは何かを考えつつ暮らしているわたしは当初、原爆ドームのある街から選出された初の首相である岸田氏に、少なからず期待を持っていました。そして、政治家としてどういう言葉を発し、どう行動するのか注目してきました。なにしろ就任時、「地球規模の課題に向き合い人類に貢献し、国際社会を主導する覚悟です。被爆地・広島出身の総理大臣として核兵器のない世界に向けて全力を尽くして参ります」という大演説をしたわけですから。しかし、その後の1年半の実績はどうでしょうか。

ジェンダーギャップ指数は146カ国中116位と相変わらず。G7諸国で唯一日本だけが同性カップルに異性カップルと同等の権利を法律で保障しておらず、夫婦同姓を法律で義務付けている国は世界で日本のみというのも変わりません。気候変動に取り組むNGOネットワークからは、気候変動対策を後退させる言動に対して「化石賞」という不名誉な賞を授与される始末。国際社会を主導するどころか、大きく遅れをとっています。

そして何より、「被爆地・広島出身の総理大臣として」の部分。さすがに、核兵器廃絶が「ライフワーク」とまで言い切った「広島出身」の政治家なら、少しずつそちらに向かっていくはず…でしたが、結果は真逆でした。

昨年10月、バイデン政権は初となる核戦略見直しで核抑止力の強化を盛り込み、岸田政権はこれを歓迎しました。米国が相手国よりも先に核兵器を使わない「先制不使用」を盛り込むことを検討すると、日本側から反対する声が上がりました。実態としては、「核兵器のない平和な世界」ではなく、「核兵器によって平和が保たれる世界」を目指しているということになります。

そして昨年末の、「国家安全保障戦略」「国家防衛戦略」「防衛力整備計画」の安保3文書閣議決定。長年国会でも使われてきた「敵基地攻撃能力」というフレーズが巧みに「反撃能力」という表現に言い換えられていますが、相手国がミサイルを発射する前の段階で「攻撃に着手した」とみなして攻撃するなら「反撃」という表現は不適切だと、法律家らが批判をしています。広島・長崎への原爆投下によって終結した第2次世界大戦を経て誕生した平和国家・日本の大きな曲がり角となりました。「戦争被爆国である日本の政府が行うべきことは、核戦争の危機を回避させることである。被爆地ヒロシマから選出された岸田首相には、とりわけその責務があるはずだ」。広島の反核団体は「被爆地広島出身」を標榜してきた岸田首相に対して抗議文を送っています。

岸田首相にとって、「広島」とはなんなのでしょうか。多くの人の無念が染み込んだ広島の街で暮らす市民として、被爆者の孫として、そして、子どもたちのために個人の尊厳が尊重される平和な世界をと願う一人の親として、岸田首相が「被爆地広島出身」という言葉を持ち出せば持ち出すほど、その行動との解離に腹立たしさを募らせています。とっくにネットから消えてしまいましたが、いつまでも覚えておこうと思って記録している岸田氏の発言があります。外務大臣就任時に彼が発した言葉。「広島の出身ですと言っただけで、相手の反応が変わる」（２０１３年6月22日配信『朝日新聞デジタル』）。軽い。広島を「印籠」のように扱うなんて、本当に軽いなと思います。

当事者意識欠如の指導者

少子化対策を批判されると、「子育てが、経済的、時間的、さらには精神的にたいへんだということは目の当たりにしたし、経験もした」。性的少数者に対する姿勢を問われると、「私自身も小学校時代、ニューヨークでマイノリティとして過ごした」。そして、極めつきが「被爆地・広島出身の総理大臣」。自らの履歴書に記された、あるいはライフイベントとして通過してきた出来事を表面的に持ち出して自らの説得力を高めようとしても、具体的な想いや行動が伴わなければ軽薄さだけが浮き彫りになるだけです。核兵器によって、自らの命が脅かされているのだという当事者意識が欠如した首相が導くこの国の未来を思うと、子どもたちの顔を直視できません。

反戦を願うみんなの声をたぐり寄せて

東京新聞記者　望月衣塑子

安保関連3文書の閣議決定、敵基地攻撃能力の容認

甘かった。広島出身でハト派とされる、宏池会の岸田文雄氏が首相になれば、少しは「右傾化」するこの国の空気が変わるのでは……と期待していた。だが、2022年末の安全保障関連3文書の閣議決定後、敵基地攻撃能力を容認し、軍事費はGDP比2％が適用されて5年で27兆円から43兆円へと膨らむなど、安倍晋三元首相以上に日本の軍拡にアクセルを踏んでいる。

「憲法9条」と「専守防衛」を掲げていた日本が、中国を射程とした1千km超の中長距離のスタンド・オフ・ミサイルを装備する。中国の姿勢について「対外的な姿勢や軍事動向等は、我が国と国際社会の深刻な懸念事項で（中略）これまでにない最大の戦略的な挑戦だ」と敵視した表現を3文書に書き込んだ。

安保関連3文書に関する議論は、22年1月以降、有識者会議を12回開催して話し合われてきたが、議事録はなく、発表は要旨のみだった。政治ジャーナリストの星浩さんは、この点について「6月の時点ですでに43兆円（への増額）を米国に通告していた」と語る。

同年5月の日米首脳会談で岸田首相は「相当額の防衛費積み上げ」を明言していたが、水面下で

「43兆円」という具体的な金額まで決まっていたというのだ。開いた口が塞がらない。日本は主権国家の体をなしていない。立憲民主党の岡田克也幹事長は「財源をどうするか、全体を見ながら決めるのが政治の重要な役割。43兆円はもう触れないという議論は全くおかしい。きちんとした議論をしたいが、なぜ43兆円ありきなのか」と憤ったのも当然だ。

43兆円ありきの予算、教育無償化はどこへ

岸田政権はトマホーク購入を決めたが、米国では1発2億円なのに、日本では400発で2113億円、つまり1発あたり2倍以上の値段で買わされる。首相は、「最新式」と強調するが、専門家によると1970年代に開発された「旧式」の部類に入るという。ミサイル防衛では最先端を行くという中国との有事に、どう活用しようというのだろうか。

安倍元首相がトランプ前米大統領との会談で、「爆買い」契約を結んだステルス戦闘機F35は、米国では1機99億円とされていたが、米政府が日本政府にFMS（対外有償軍事援助）を通じて示した価格は157億円だった。交渉の末になんとか146億円に負けてもらったというから心許ない。トマホークでも同じことが起こったであろうことは想像に難くない。

外務省の元アジア大洋州局長だった田中均さんは、「国会や閣議に諮る前に米国に知らせることは財政民主主義に反し、私の時代にはありえないことだ。大きな変質が起きている」と批判する。また、3文書で示されたサイバー防衛拡充にともない、防衛省のサイバー専門の部隊要員を現在の460人から政府は27年度までに、部隊数を4千人に増員し、最終的には2万人体制を「目標」としている。

だが、軍事ジャーナリストの半田滋さんは「到底、実現できない数字だ」と指摘する。

元自衛艦隊司令官の香田洋二さんは「43兆円、GDP比2%」という数字が先行している状況について、「43兆円という『砂糖の山』に群がるアリみたいになっているんじゃないか」と朝日新聞の取材に語っている。

防衛予算増額の財源には、歳出改革と剰余金の充当のほか、法人税と所得税、たばこ税を組み合わせた1兆円の増税を検討している。さらに復興特別所得税2・1%のうち1%を回すのだという。福島第一原発事故の影響で、現在も3万8千人が避難生活しているにもかかわらずだ。

膨張する軍事費に対し、かねて政府与党が掲げていた教育無償化はおざなりにされている。国公立の中学・高校・大学の授業料無償化と、小中高の給食費無償化は3兆円で達成できると言われているが、実現の気配はゼロだ。お茶を濁すかのように岸田首相が突如、年明けに言い出したのが「異次元の少子化対策」。だが、政府は児童手当の所得制限撤廃に後ろ向きだ。萩生田光一政調会長は「新婚夫婦向けに公営住宅の改善をしたらどうか」と提案をしたが、それこそ次元が違う。ピント外れもいいところだ。

軍拡を後押しするメディア

閣議決定で突き進む岸田政権の「異次元の軍拡路線」を検証・監視するのは本来、メディアの役割だ。ところが、3文書が閣議決定された日の各紙の社説を読み比べると首をかしげたくなる。朝日新聞は「平和国家と言えるのか」、東京新聞は「『平和構築』欠く力への傾斜」と批判的なスタンスで論じた。

一方、読売新聞は「国力を結集して防衛体制強めよ」。ギョッとした。これでは「戦前」だ。幹部らの政権との距離も気になる。政府の防衛力強化有識者会議のメンバーには、喜多恒雄日経新聞顧問、山口寿一読売新聞社長、船橋洋一元朝日新聞主筆のメディア現職トップや元幹部が並んだ。他の先進国では考えられない。

とりわけ、山口氏の発言は注目だ。「総理は防衛力の抜本的強化という歴史的な決断された」「当面は外国製ミサイル購入も検討対象に」と述べた約1カ月後、読売新聞は1面トップで「トマホーク500発購入へ」と特報。さらに山口氏が「自衛隊の施設にも建設国債充てるべきでは」と発言した約1カ月後にも、読売新聞は1面トップで「自衛隊施設の整備費、建設国債1・6兆円充当へ防衛予算の方針を大転換」と報じていた。それぞれの報道直後、複数の国会議員に取材すると「何も聞いてない」。おそらくこの時点で聞いていなかったのは事実だろう。読売の「予報」のような報道は続き、2月28日には予算はあっさり通ったのも驚いた。

読売だけではない。船橋洋一元朝日新聞主筆も「時には国力以上の防衛力を前倒しで担保しなければならない時もある」「基地の日米使用を促進すべき。アーミテージ（米元国務副長官）のレポートには『それぞれ別々に基地を持つ贅沢は許されない時代に入った』とある。南西諸島と先島での日米の共同使用体制を整えるべきだ」などと、米国主導の軍拡を促すような発言を重ねていた。

中国をはじめとした周辺事態リスクは当然、議論されるべきだろう。それに対する準備が必要なこともわかる。だが、いま日本で論じられる国防はいずれも米国ありきで、米国の利益の確保を前提としていることについて、冷静かつシビアにみるべきだ。日本は米国のATMでも、米国のための

「盾」でもない。

そもそも、政府が米国と事前に調整した内容を閣議で決定し、その後に国会で承認するのは、本来ならば順序が逆だ。国会軽視は国民軽視であり、主権国家の尊厳にもかかわる。そんな非民主的な政府の手続きを、メディアが報道で後押ししてはならない。かつて、軍部を賛美し、民意を戦争にあおり、国民の犠牲や負担から目を背けたメディアの責任と、戦後の反省を忘れてはいないだろうか。

進む南西諸島のミサイル要塞化、本土にも中長距離ミサイルや部隊を配備

対米追従路線の一つとして、南西諸島の要塞化が進んでいる。台湾まで110kmの与那国島では3文書決定後に突如ミサイル部隊配備が決まり、18haの用地確保も打ち出された。滑走路はF15、F35戦闘機が離着陸できるように延長され、自衛隊の艦船が出入りできる港の建設も計画している。台湾有事を想定した22年11月のキーン・ソード23（日米統合軍事演習）では、米軍の戦闘車が与那国島の公道を走行した。住民用の核シェルター建設も計画されている。石垣島でも同じようなことが起きている。

ミサイル配備は南西諸島だけではない、毎日新聞（22年11月25日）によると、北海道、山梨、静岡などにも、2030年代半ばを目処に長射程ミサイルの配備が検討されているという。現在、備蓄の7割が北海道に集中している、ミサイルの収納も可能な大型弾薬庫を全国で新たに130棟ほど整備する。米CSIS（戦略国際問題研究所）によると、米軍戦闘機が嘉手納、岩国、横田、三

沢等の米軍基地を拠点に飛び立つことが想定されている。

これらは、米国防大のトーマス・ハメス教授が12年に発表した〝オフショア・コントロール〟戦略に沿っている。有事の際、日本が限定的に中国と対峙し、中国が一時的に勝利しても国際世論や経済封鎖の力で中国の領土拡大を諦めさせる――という戦略だ。

実際、ここ数年を振り返ると、北九州や南西諸島を拠点に日米の大規模軍事演習が続いてきた。21年5月には、霧島演習場（宮崎・鹿児島）で仏軍も初参加した共同離島防衛訓練を実施。22年のキーン・ソード23には、豪加英の3カ国が初めて参加した。

また、23年1月の日米外務・防衛担当閣僚協議（2プラス2）では、沖縄の米海兵隊を再編し、離党防衛を担う即応部隊（MLR）を新設することも盛り込まれた。今後、中国が配備する2千発のミサイルに対抗して、日本は1千発の中長距離ミサイルを持つ。政府はこれら全てについて「専守防衛を逸脱していない」と言う。

だが、先制攻撃が可能な敵基地攻撃能力を持つことにより「米国＝攻撃、自衛隊＝防衛」という役割が崩れることのインパクトはかなり大きい。我が国が掲げてきた専守防衛が形骸化するのは明らかだ。攻撃に組み込まれれば当然、リスクも格段に高まる。

23年1月9日に発表された米CSISの報告は、台湾有事の24のシナリオを示している。ほとんどの場合、中国の台湾制圧は失敗し、日米が勝利する。唯一、中国に勝てないケースとして挙げたのが「日本が中国と戦わない場合」だという。米軍にとってこんな都合の良いシナリオはない。また、日米軍の被害について「何十隻もの艦船、何百機もの航空機、何千人もの軍人を失う」と想定する半面、民間人の死傷者も相当数出るはずだが、報告では日本の市民の犠牲について具体的な言及はない。こんなひどい話があるだろうか。

シナリオでは、民間施設を基地に使って、危険を分散化することまで打ち出されていたが、それは、民間空港などが中国軍の攻撃の対象になるということを示す。そして、その決定は自治体の頭越しに行われる。

例えば、米軍は23年、横浜港の米軍施設「横浜ノースドック」に280人の小型揚陸艇部隊を新たに駐留させると発表した。同施設はこれまで、神奈川県や横浜市が米側に返還を求めて続けてきた経緯がある。にもかかわらず、山中竹春横浜市長には電話1本の通告だったとか。そんな扱いなのだ。

武器輸出3原則も次々と緩められ

F2戦闘機の後継機を英伊と共同開発でつくることが22年に決まった。機体を三菱重工、エンジンをIHIが担当する。政府は14年に武器輸出3原則を見直して防衛装備移転3原則を作り、共同開発の場合は、殺傷能力を持つ武器の輸出を可能にした。武器輸出がどの程度進むかを懸念したが実際は、フィリピンに管制レーダーを140億円で売ったくらいで、現時点で目立った成果は上がっていない。しかし現在、この3原則をさらに見直して、殺傷能力のある武器も含めた輸出が検討されていると聞く。加えて外務省は非ODA予算を設置し、23年度は「同志国の安全保障能力強化支援」として20億円を使い、日本周辺国への武器輸出や軍港、軍病院の建設支援などを行うのではとも言われている。3原則の見直しが進めば、武器輸出が一気に進んで行く可能性がある。

23年度予算では自衛隊施設強靭化に前年の3・3倍の5049億円、兵器の研究開発には3・1倍の8968億円を計上する。また、「しんぶん赤旗」や共産党の小池晃参院議員の追及によると、今後4兆円の予算を使って全国の自衛隊基地300カ所に、化学・生物・核兵器の攻撃に耐える施設を整備などをするという。予算審議の始まる前の22年12月と23年2月の二度にわたり、ゼネコンや建設コンサル計約90社を集め、話し合いを進めていたことも判明した。

#軍拡より生活　いまこそ

米国追従に前のめりの政府は、国民の生命を後回しにし、議論なき増税で国民生活を苦しめている。メディアはこうした構図を知りながら、むしろ政権側に寄り添い、検証報道を怠っているのではないか。いまの状況は怖さしか感じない。

れいわ新選組の山本太郎代表は3月の参院予算委員会で、岸田首相に「2カ月間、8割中国から1・4兆円の部材が入ってこないだけで53兆円の経済損失がおきる。人が死ぬ。経済的打撃のシミュレーションはできているのか?」と質した。岸田首相は「仮定の話しに申し上げる材料がない」と答弁したが、いま岸田政権が行っているのは、台湾侵攻という周辺事態シミュレーションに基づく予算付けである。なぜ、経済的損失を想定しないのか不思議でならない。

ひとたび、台湾有事となり、日本が対中戦争で米軍を支援することに舵を切った場合、日本全体が戦場となるおそれが高い。それでも米軍の実質的な指揮の下、在日米軍基地と自衛隊基地を使わせ、中国とことをかまえていくつもりだろうか。その場合、どれだけの損害を日本国民が負うのか。中国とどんな交渉ができ、米国をはじめとする国際協調で周辺事態のリスクをどう回避するべきなのか。真剣に研究しなければならないはずなのに、軍拡一辺倒で緊張ばかり高まっている。ミサイルを突きつける「仮想敵」は、実は鏡に映った自分自身の姿なのではないか。

軍拡が進む一方で、教育無償化や少子化対策など、未来ある子どもたちのための施策が見えてこない。OECD諸国の中でも教育投資は37カ国中36位と格段に低い(22年)。岸田政権に任せていては、子どもたちが危ない。そういう危機感の中で、有志の女性たちが動いて生まれたのが「平和を求め軍拡を許さない女たちの会」だ。スローガンに「#軍拡より生活　子どもたちの未来に平和を」を掲げ、オンライン署名活動を実施。2月8日には、集まった約7万5千筆の署名を与野党各党代表者らに手渡した。全国各地でわき起こりつつある反戦争や反軍拡の動きとも連帯し、これまで声をあげて来なかったような女性や男性、LGBTQの人々にも届いていくという。少しずつ、確実に反戦を願うみんなの声をたぐり寄せていけたらと願っている。

おわりにかえて

今、声を上げずにいつ平和を語るのか？

弁護士　石田法子

戦争する前に自滅しかねない国

メディアで流れるウクライナ情勢を見ていると、戦争は始まってしまえば、終わらせるのは簡単ではありません。その間にも多くの市民、兵士の命が失われているのです。戦争を始めない。それがなによりも大切なことです。

ところが、今、政府は、5年間で43兆円もの防衛費の増額をうちだし、軍拡を進めて行こうとしています。しかし、アメリカから超高額の中古の兵器をいくつか買ってみたところで、それだけで軍事面で他国より優位に立つわけがなく、軍拡が戦争を抑止する力となるとは、戦争を始めないためのツールとなるとはとても思えません。どう考えても軍拡は戦争への準備に他ならないのです。

しかも、軍拡の原資は、市民への増税収入をあてにしています。

今、日本社会は、少子化がどんどん進み、2022年の出生数は、想定よりも8年も早く遂に80万人を切りました。また日本の経済力、国際的競争力も低下し、国内は非正規労働者が増加し、超格差社会が進み、そのしわ寄せが弱者に押し付けられ、社会全体が疲弊しています。そこに、日々の生活を直撃する過大な増税です。そんな余裕がこの社会のどこにあるというのでしょうか。少子化は女のわがままに起因しているのではありません。安心して子どもを産み育てられないこの社会の問題点に目を向け、少額の子育て給付金のバラマキでなく、根本的な解決に取り組まなければいけないのです。戦争を始めない国、安心して子どもを産み育てられる社会、若者が明日の夢を語れる平等で活力のある社会にするための取り組みは、もはやお偉いさんたちの議論の段階ではありません。若者の意見をくみ上げで早急にやらなければいけない課題です。この問題解決にこそ、43兆円を投入せず、さらなる弱者を作り出し、放置していくと、少子化が一層進んでいくでしょうし、若者は海外に出て行ってしまい、この国はどんどん衰退していくことは必至です。兵器をそろえたところで、誰がそれを使うのでしょう。このままではこの国は、戦争で侵略される前に、自滅して滅びかねません。

戦争がリビングの隅っこで座ってゐるかも

今、メディアが報道する周辺諸国の不穏な動きに、多くの人が不安を感じていることは間違いありませんが、ちょっと待て、立ち止まって考えようよ、一人で考えていると煮詰まってきてわからなくなるから、みんなで話し合おう。私たちには今何が必要かを。平和に生きるというのはどういうことか。当たり前のことを。日頃考えずに生きている平和の作り方を。

偉い人、賢い人は、ともすれば受け狙いで勇敢なこと、勢いのあることを口にしがちですが、戦場に行って生命身体をかけて戦うのは普通の市民であり、ミサイルが飛んできても逃げ惑うだけで身を守るすべのないのも普通の市民です。だからこそ、今こそ、普通の市民が意見を言うべき時です。意見違いかなくても、疑問を語り合うだけでいい。疑問の中に真実がみえてきます。

かつて、「女・子どもは黙っとれ!!」と言われ、戦争に突き進んだ時代がありました。そして多大な犠牲を払った私たちの親やその親たちは、終戦後「平和」のありがたさを体中で実感し、平和憲法を喜び、80年近く「平和」を享受してきました。

私たちも自分だけでなく、子や孫の将来のためにも、今度こそ、戦争に突き進まないよう、「女・子どもは黙っとらへんでー――!!!」と、声を上げ、平和の構築を語るべき時です。

「戦争が廊下の奥に立ってゐた」(1939年・渡辺白泉作)という著名な俳句がありますが、今はもうもしかすると、あなたの家のリビングの隅っこで座ってゐるかも…。まだみんなでなら追い出せます。

【執筆者紹介】
阿久沢悦子（フリー記者）
安彦恵里香（Social Book Cafe ハチドリ舎オーナー、カクワカ広島（核政策を知りたい広島若者有権者の会）発起人）
石田法子（弁護士）
市田真理（第五福竜丸平和協会）
岡野八代（同志社大学大学院教員）
奥谷禮子（ザ・アール創業者）
小野川文子（北海道教育大学教授）
海北由希子（外国人支援ボランティア）
景山佳代子（神戸女学院大学教員）
清末愛砂（室蘭工業大学大学院工学研究科教授）
栗原佳子（新聞うずみ火）
糀谷陽子（元中学校教員）
幸田　泉（フリージャーナリスト）
小山美砂（ジャーナリスト）
酒井かをり（日本出版労働組合連合会（出版労連）前委員長・日本マスコミ文化情報労組会議（MIC）前委員長）
笹本育子（埼玉県小学校教員）
志田陽子（武蔵野美術大学・憲法）
志水博子（元大阪府立高校教員）
杉浦ひとみ（弁護士）
砂脇　恵（龍谷大学社会学部准教授）
髙橋恵子（シンママ大阪応援団）
田中優子（法政大学名誉教授・前総長）
寺内順子（大阪社会保障推進協議会事務局長・一般社団法人シンママ大阪応援団代表理事）
橋本智子（弁護士）
濱田恵美（シンママ大阪応援団）
菱山南帆子（許すな！憲法改悪・市民連絡会事務局長）
平井美津子（大阪府公立中学校教員・子どもと教科書大阪ネット21事務局長）
前田佳子（公益社団法人日本女医会　会長）
宮崎園子（広島在住フリーランス記者）
望月衣塑子（東京新聞記者）

私たちは黙らない！

2023年4月20日　初版第1刷発行

編者　平和を求め軍拡を許さない女たちの会　関西
発行者　坂手崇保
発行所　日本機関紙出版センター
〒553-0006　大阪市福島区吉野3-2-35
TEL 06-6465-1254　FAX 06-6465-1255
http://kikanshi-book.com/　hon@nike.eonet.ne.jp
本文組版　Third
編集　丸尾忠義
印刷・製本　日本機関紙出版センター

ISBN 978-4-88900-282-9